Die besten Rezepte aus dem
Erzgebirge

Regina Röhner

Die besten Rezepte aus dem Erzgebirge

BuchVerlag für die Frau

ISBN 978-3-89798-493-6

3. Auflage 2017
© BuchVerlag für die Frau GmbH, Leipzig 2016
Covergestaltung und Layout: Uta Wolf, Quedlinburg

Fotos: Regina Röhner (S. 2, 7, 13, 20, 34, 38, 41 oben,
53, 57 oben, 61, 62, 63 oben, 65, 80, 93),
colourbox.de (S. 28, 29, 33, 43, 57, 67, 84),
fotolia.com (autocus: Titel oben, S. 9 oben; Kamila Cyganek: S. 5; Henry
Czauderna: S. 5, 51; exclusive-design: S. 49; Ex-Quisine: S. 5, S. 41 unten,
S. 59; fotoknips: S. 63 unten; fotoric: S. 79; gkerphoto: S. 47; hierfindich-
was_de: S. 21; Bernd Jürgens: S. 76; kab-vision: Titel, S. 23 unten, S. 31
unten, S. 69, 73, 74; karepa: S. 5, 9 unten; la-vanda: S. 79 unten; Johanna
Mühlbauer: S. 5, 26; photocrew: S. 68, 83; matthiasphuong: S. 23 oben;
pure-life-pictures: S. 11 rechts; M. Schuppich: S. 17; Michael Schütze:
S. 31 oben; st-fotograf: S. 5; stu12: S. 90; superfood: S. 95; teressa: S. 60)

Druck und Bindung: Belvedere Print & Packaging B.V., Oosterbeek (NL)
www.TheArtOfMakingBooks.de

www.buchverlag-fuer-die-frau.de

Inhalt

Erzgebirgsküche –
eine kleine Entdeckungs- und Zeitreise

Im 12. und 13. Jahrhundert, bei der Besiedlung des Erzgebirges, leisteten Bauern die Hauptarbeit. Die Siedler, die den Dunkelwald erschlossen, brachten auch ihre Kochkunst mit: aus dem Fränkischen und aus der Gegend um Naumburg und Altenburg. Einfache Bauernküche.

Die Besonderheiten der Küche dieser Region wurden durch andere Einflüsse geprägt: So waren zum Beispiel die in dieser Zeit gegründeten Klöster in Altzella, Freiberg, Klösterlein bei Aue und Grünhain nicht nur geistliche Zentren, sondern auch Vorreiter, was Gartenbau und Ernährung betrifft. Dadurch waren das Sammeln und der Anbau von Kräutern in Kloster- und Hausgärten schon frühzeitig verbreitet. Sie wurden als Heilmittel und Küchengewürz genutzt sowie für die Destillation von Kräuterschnäpsen und Arzneien – für die weithin gerühmte erzgebirgische Laborantenkunst.

Und schließlich heißt es nicht umsonst im Erzgebirge „Alles kommt vom Bergwerk her". Jedenfalls vieles. Die Bergleute, die in den Zeiten des sog. *Ersten* und *Zweiten Berggeschreys* – im 12. und 15. Jahrhundert – hier nach Silber und anderen Erzen gruben, kamen aus dem Harz und aus Böhmen und brachten von dort auch ihre Essgewohnheiten mit. So erfolgte im 15. und 16. Jahrhundert nicht nur die planmäßige Besiedlung des oberen Erzgebirges und die Gründung bedeutender Bergstädte wie Schneeberg, Annaberg und Marienberg, sondern es entwickelte sich zeitgleich auch eine regionale Küchentradition.

Die sächsische Kurfürstin Anna (1532 – 1585) schätzte übrigens Köchinnen aus dem Erzgebirge. Für die Dresdner Hofküche ließ sie im ganzen Gebirge nach versierten Köchinnen suchen, die sie besonders in den Pfarrhäusern vermutete.

Prägend war auch der Einfluss der böhmischen Küche. Viele Menschen aus den böhmischen Grenzdörfern und Städten ließen sich im 16. Jahrhundert in den Bergstädten des sächsischen Erzgebirges nieder. Auch aus Glaubensgründen Geflüchtete fanden hier Aufnahme, so Mitte des 17. Jahrhunderts die sogenannten Exulanten, böhmische Protestanten. Kurfürst Johann Georg I. von Sachsen genehmigte den Vertriebenen die Gründung einer Stadt, die seinen Namen tragen sollte. Im Mai 1654 erfolgte die Grundsteinlegung für die „freie Bergstadt" Johanngeorgenstadt.

Das unschöne – und unzutreffende – kulinarische Image der Erzgebirgsküche als „Armenküche" wurzelt übrigens in den 1630 beginnenden Not- und Hungerjahren des Dreißigjährigen Krieges (1618 – 1648) und den Hungersnöten von 1771 und 1772. Aber man darf auch nicht vergessen: In den Burgen und Schlössern, die noch heute die Berge krönen, wurde von jeher anders gespeist als bei den Berg-, Handels- und Hammerherren, bei den Bergleuten und Bauern, den Köhlern, Häuslern oder Tagelöhnern. Der Adel, aber auch die Oberschicht der Städte, orientierte sich an der Herrschaftsküche der Wettiner.

Dem Reichtum des Erzgebirges und auch der Vielfalt der erzgebirgischen Küche kann man heute auf der „Silberstraße" begegnen: Sachsens erste Ferienstraße geht auf die historischen Erztransportwege zurück und führt von Zwickau über die Bergstädte Schneeberg, Aue, Schwarzenberg, Annaberg-Buchholz, Wolkenstein, Marienberg und Freiberg bis nach Dresden. In vielen Landgasthöfen wird sowohl traditionell als auch modern gekocht – mit Produkten aus der Region.

Meine Vorfahren väterlicher- und auch mütterlicherseits waren schon vor mehr als fünfhundert Jahren im Erzgebirge ansässig. Sie waren Bauern und Ortsrichter, Gastwirte, Bergleute, Fuhrleute und Leineweber. In Zschocken, nahe einer alten Wegführung Richtung Erzgebirgskamm bewirtschaftete mein Urgroßvater ein Bauerngut.

Und so war auch die Küche meiner Kindheit erzgebirgisch-bäuerlich geprägt. Später, als ich mich intensiver mit der regionalen Geschichte beschäftigte, entdeckte ich für mich auch die Besonderheiten der herrschaftlichen Küche.

Die Erzgebirgsküche gibt es nicht, aber viele regionaltypische Gerichte in unzähligen Variationen. Es ist ein Genuss, sie zu entdecken und auf den Tisch zu bringen – mit frischen regionalen Zutaten und mit Freude am Kochen und Backen.

Gutes Gelingen und guten Appetit!

Noch eine persönliche Anmerkung zum **Würzen mit Kümmel**:

Wer mich kennt, weiß, dass ich keinen Kümmel mag – ein Gewürz, das sich im Erzgebirge traditionell großer Beliebtheit erfreut. Wiesenkümmel war zu allen Zeiten für jeden zugänglich. Er konnte auf Wiesen, Ödland und an Wegrändern geerntet werden. Und er zeichnet sich dadurch aus, dass er Speisen bekömmlicher macht. Ich habe vermerkt, wenn traditionell ein Gericht auch mit Kümmel gewürzt wird. Bei mir zu Hause habe ich aber alle Speisen ohne Kümmel zubereitet, und wir haben nichts vermisst.

Wenn nicht anders angegeben, sind die Rezepte für 4 Personen gedacht.

Festtagsschmaus
Sonntagsessen

Weihnachten im Gebirge –
die schönste Zeit im Jahr

Neunerlei – *Neinerlaa*

Die Advents- und Weihnachtszeit in den erzgebirgischen Bergstädten mit den traditionellen Weihnachtsmärkten gehört zur schönsten Zeit des Jahres.
Heiligabend und die Weihnachts- und Neujahrstage haben ihre besondere Speisentradition.

Im sächsischen Erzgebirge wird auch heute noch am Heiligen Abend *Neinerlaa* zubereitet, wobei die einzelnen Bestandteile und deren Bedeutung von Ort zu Ort durchaus verschieden gesehen werden. Entscheidend ist: **Neun Speisen gehören auf den Tisch**, denn die Zahl Neun ist eine Steigerung der Glückszahl und göttlichen Zahl Drei.

Pünktlich 18 Uhr beginnt das Festmahl. Dann brennen die Kerzen von Christbaum, Pyramide, Schwibbogen, Engel und Bergmann. Auf dem Tisch darf neben Brot und Salz das Heiligabendlicht nicht fehlen. Oft wird am Tisch auch noch für eine Person mehr eingedeckt, denn es könnte ein Bedürftiger an die Tür klopfen.

„Mir hom aah Neinerlaa gekocht, aah Worscht un Sauerkraut, mei Mutter hot sich ogeplogt, die alte gute Haut!", heißt es im erzgebirgischen „Heiligobdnlied" von Johanne Amalie von Elterlein (geb. 1784 in Annaberg, gest. 1865 in Schwarzenberg/Erzgebirge).

Zu den verbreiteten **Heiligabendgerichten** gehörten und gehören:
Bratwurst, Schweinebraten oder Eisbein, Sauerkraut und Klöße, Linsen, Hagebuttensuppe, Pilze (Schwammetopf), Rote Rüben, Sellerie, Heringssalat mit Apfel, Karpfen,

Hirsebrei oder Milchreis, Preiselbeeren und Kirschen, Bratäpfel, gebackene Pflaumen und Semmelmilch.

Am **ersten Weihnachtsfeiertag**, manchmal aber auch schon am Heiligen Abend, gibt es Gänsebraten oder Gänsekeule mit Klößen und Rotkraut oder Kaninchenbraten.

Im Volksglauben sorgen Fleischgerichte wie Gänse- oder Kaninchenbraten, Schweinefleisch oder Bratwurst für Wohlstand und genügend Nahrung.

Linsen und Hirse sollen Geld bringen, aber die Linsen dürfen nicht zu sauer sein, sonst „wird einem das Leben sauer". Klöße bedeuten ebenfalls Taler. Und auch wenn man Schuppenfisch isst, soll es nie an harter Münze mangeln.

Die Semmelmilch wurde von allen Hausbewohnern gemeinsam aus einer Schüssel gegessen. Auch heute noch soll sie für Zusammenhalt und Eintracht, aber auch für weiße Klöppelspitzen sorgen. Allerdings erhält jetzt jeder ein eigenes Schüsselchen. Apfelsalat oder Rote Bete bringen Freude ins Leben („Rote Rüben als Kompott macht die Liebe wieder flott"), Sellerie sorgt für Fruchtbarkeit.

Sauerkraut symbolisiert das Stroh in der Krippe des Christuskindes und sollte früher garantieren, dass der Bauer langes Stroh bekommt.

Wichtig: Von jeder Speise sollen alle mindestens drei Löffel essen. Und es muss unbedingt Brot dazu gegessen werden, damit es im ganzen Jahr Brot im Haus gibt!

Traditionsbewusste Familien begehen am 24. Dezember den *Weihnachtsheiligabend*, am 31. Dezember den *Neujahrsheiligabend* und am 5. Januar den *Hohneujahrsheiligabend*. In Zwönitz wird erst am 2. Februar, zu Mariä-Lichtmess, das Ende der Weihnachtszeit gefeiert – mit Hirsebrei und Bratwurst.

Gänsebraten

Gänse wurden und werden besonders am Martinstag und zu den Weihnachtsfeiertagen gegessen.

1 Weidegans (4 – 5 kg)

2 Stängel Beifuß

1 Schalotte oder Zwiebel

ca. 6 – 8 mittelgroße Äpfel

Salz, Pfeffer

evtl. 1 – 2 EL Weizenmehl oder Stärke

Die gründlich gewaschene und abgetrocknete Gans innen und außen salzen und pfeffern. Die Leibeshöhle mit 2 Stängeln Beifuß, Schalotte oder Zwiebel und mit Apfelvierteln (ungeschält, aber ohne Kernhaus) füllen und verschließen. Die Gans dressieren und mit der Brust nach unten in den Bräter oder die Fettpfanne legen. Etwa 1/4 Liter Wasser angießen und die Gans bei **180 °C** Ober- und Unterhitze in den Ofen schieben. Nachdem die Rückenseite gebräunt ist, wird die Gans gewendet. Nach **60 bis 90 Minuten Garzeit** mit einem Hölzchen oder einer Gabel unterhalb der Keulen die Haut vorsichtig anstechen, damit das Fett austreten kann.

Während des Bratens immer wieder begießen, bei Bedarf Wasser angießen. Überschüssiges Fett abschöpfen. Durch gelegentliches Bestreichen mit Salzwasser wird die Haut schön knusprig.

Ist die Gans gar, wird sie aus der Pfanne genommen und auf eine Platte gelegt. Im warmen Ofen (bei **80 °C**) etwas ruhen lassen. Dann die Bauchhöhle öffnen und mit einem Löffel Äpfel und Beifuß entnehmen. Die Gans bis zum Servieren warm halten.

Für die Soße den Bratenfond entfetten, mit Wasser auffüllen, aufkochen und durchseihen. Mit angerührtem Mehl oder Speisestärke binden. Oder einen Teil der mitgegarten Äpfel durch ein Sieb schlagen und damit die Soße binden. Mit Salz und Pfeffer abschmecken.

Insgesamt beträgt die Garzeit je nach Größe der Gans zwischen **3 und 5 Stunden**.

Man kann die Gans auch am Vortag fast fertig braten und sie dann bei **180 °C** Umluft noch ordentlich bräunen.

Eine gute Bauerngans kann im Ofen auch auf dem Rost – mit untergeschobener Fettpfanne – gebraten werden. Dabei wird sie fleißig begossen, bis die Haut knusprig ist.

Das anfallende rohe **Gänsefett** (Gänseflomen) sollte, um Blutreste zu entfernen, vor der Verarbeitung gründlich gewaschen werden. Dann wird es klein geschnitten, in einer hohen Pfanne bei mittlerer Temperatur geschmolzen und durch ein feines Sieb abgegossen. Es ist ein hervorragender Brotbelag: *Fettbemmchen* mit Gänseschmalz bestrichen und mit Käse belegt, schmecken zu Bier und Wein.

Zur knusprig gebratenen **Martinsgans**, die ohne Äpfel gebraten, sondern im Inneren nur mit Beifuß, Liebstöckel und/oder Majoran, Salz, Pfeffer und Zwiebel gewürzt bzw. gefüllt wird, gibt es Kartoffelklöße, Sauerkraut oder Rotkraut.

Gänse wurden im Erzgebirge bis ins frühe 20. Jahrhundert oft von durchziehenden Wanderhändlern verkauft, die ihre Gänse, die sie in kleinen Herden übers Land trieben, aus Böhmen, Polen oder Russland bezogen.

Schloss Schwarzenberg

Feiner Kaninchenbraten

1 Kaninchen

Salz, Pfeffer

je 1 Zweig Rosmarin und Thymian, beides zerpflückt

1 Bio-Zitrone

2 –3 EL Butterschmalz

1 Zwiebel, grob gewürfelt

1 –2 Knoblauchzehen

1 Glas Weißwein

250 ml saure Sahne

1 Lorbeerblatt

Das ausgenommene Kaninchen in Portionsstücke zerlegen, Silberhaut abziehen. Salzen und pfeffern, Rosmarin und Thymian zugeben und mit dem Saft einer halben Zitrone beträufeln. Mindestens **1 Stunde** marinieren.

In heißem Butterschmalz oder Öl von allen Seiten gut anbraten, dabei immer wieder mit dem Bratensaft begießen. Sobald die Fleischstücke schön knusprig sind, Zwiebel und Knoblauch mit anbraten. Wenn die Zwiebeln glasig sind, mit Wein ablöschen und Zitronenscheiben auflegen. (Dafür die halbe Zitrone mit Schale in dünne Scheiben schneiden und die Kerne entfernen.) Saure Sahne angießen. Lorbeerblatt beilegen und zugedeckt garen. Dabei das Fleisch immer wieder mit Soße begießen. Falls erforderlich, noch etwas heißes Wasser zugießen.

Die Garzeit beträgt zwischen **60 und 120 Minuten**.

Die Zitronenscheiben mit einer Gabel herausnehmen. Die Soße durch ein Sieb gießen. Falls nötig, nachwürzen.

Dazu passen Klöße oder Knödel mit Rotkohl.

Variante: Das zerlegte Kaninchen kann auch **24 Stunden** in Buttermilch eingelegt werden. Dann die Stücke herausnehmen, abtrocknen, salzen und pfeffern. In einer Mischung aus Butterschmalz und Speckwürfelchen anbraten. Mit Knoblauch und Zwiebel unter Zugabe von 1/2 Liter Fleischbrühe etwa **1,5 bis 2 Stunden** sanft schmoren. Dabei öfter mit Bratenfond begießen. Die Soße mit Sahne oder saurer Sahne abrunden.

Karpfen blau

1 Karpfen (1,5 – 2 kg)

2 Möhren

(1 Stück Kohlrabi)

1 Stück Sellerie

1 Zwiebel oder 1/2 Stange Porree

3 – 4 Stängel Petersilie

1 Lorbeerblatt

6 Pfefferkörner

(3 Pimentkörner)

ca. 1 EL Salz

150 ml Weißweinessig, 5-%ig

1 Bio-Zitrone

Sahnemeerrettich:

100 ml Sahne

2 EL Meerrettich, frisch gerieben

Salz, Pfeffer, 1 Prise Zucker

1 – 2 EL Zitronensaft

Den Karpfen säubern, dabei die Kiemen sorgfältig entfernen und die Schleimhaut nicht verletzen. In Portionsstücke zerlegen. Das Gemüse putzen, klein schneiden und mit den Petersilienstängeln in einen großen Topf geben. Etwa 2 bis 2 1/2 Liter Wasser angießen. Lorbeerblatt, Pfeffer- und Pimentkörner, Salz und Essig dazugeben. Aufkochen und den Sud **20 Minuten** köcheln lassen. Die Fischstücke in den Sud legen und **20 bis 30 Minuten** ziehen lassen. Die Karpfenstücke auf den vorgewärmten Tellern mit Zitronenachteln anrichten. Dazu gibt es zerlassene, leicht gebräunte Butter, Rotkohl und Salzkartoffeln, die mit dem klein geschnittenen Petersiliengrün bestreut werden. Zusätzlich kann noch etwas **Sahnemeerrettich** gereicht werden. Dafür die Sahne aufschlagen und mit frisch geriebenem Meerrettich vermengen. Mit Salz, Pfeffer, einer Prise Zucker und etwas Zitronensaft abrunden.

Karpfen blau wird im Erzgebirge traditionell zur Kirmes und zu Silvester gegessen. Bei einigen Familien auch am Weihnachtsheiligabend. Saison hat er in den Monaten mit einem „r", also von September bis April.

Hirsebrei mit Milch

200 g Bio-Hirse

3/4 – 1 l Milch

1 Prise Salz

Butter, Zimt

Zucker oder Rohrzucker

Die Hirse mit 1 Liter kochendem Wasser kurz überbrühen (**1 bis 2 Minuten**). Das Wasser mittels Sieb abgießen. Die Hirse im Simmertopf mit der Milch aufkochen, **30 Minuten** köcheln lassen und noch **20 bis 30 Minuten** quellen lassen. Leicht salzen. Bei Bedarf noch etwas heiße Milch unterrühren. Süß mit reichlich gebräunter Butter, Zucker und Zimt servieren.

Die in Milch gekochte Hirse kann auch nur leicht gesalzen verzehrt oder mit etwas gebräunter Butter übergossen und zum Frühstück gereicht werden.

Heringssalat mit Apfel

4 Salzheringe

2 Zwiebeln

2 Äpfel

2 – 3 eingelegte Gurken aus dem Glas

2 – 3 EL Öl, 1 – 2 TL Weinessig

Pfeffer oder Piment

Salzheringe waschen, mindestens **24 Stunden** einweichen. Filetieren, häuten, in Häppchen schneiden, mit Zwiebel-, Apfel- und Gurkenstückchen vermengen und mit Öl und etwas Essig marinieren. Je nach Geschmack noch mit Pfeffer oder Piment abschmecken.

Öl und Essig können durch saure Sahne ersetzt werden.

Hagebuttensuppe (*Hahnbuttensuppe*)

300 g Hagebutten

*Schale und Saft von
1/2 Bio-Zitrone*

2 – 3 EL Zucker

Salz

1 – 2 EL Stärkemehl

200 ml Milch oder Sahne

Die Hagebutten von den Kelchblättern befreien, aufschneiden, Kerne und Härchen gründlich entfernen. Die Schalen gut waschen und in 1/2 Liter Wasser mit Zitronenschale und 1 EL Zitronensaft weich dünsten. Durch ein Sieb streichen. 1/4 Liter Wasser angießen. Mit in etwas kaltem Wasser angerührtem Stärkemehl binden und Sahne oder Milch angießen. Mit Zucker und einer Prise Salz würzen. Aufkochen lassen. Mit Zitronensaft abrunden.

Alternativ kann die Suppe mit Hagebuttenmark zubereitet werden. Man kann die Suppe heiß oder kalt essen. Auch Eischneeklößchen oder Röstel passen dazu.

Hirse mit Bratwurst

200 g Bio-Hirse

2 Zwiebeln oder Schalotten

1 Möhre

30 – 40 g Räucherspeck

1 EL Butter

Bratöl oder Butterschmalz

4 große Bratwürste

Die Hirse mit 1 Liter kochendem Wasser kurz überbrühen (**1 bis 2 Minuten**). Das Wasser abgießen.

In 1/2 Liter frischem Wasser **12 bis 15 Minuten** köcheln. Am Herdrand noch ausquellen lassen.

Die Zwiebeln häuten und würfeln. Die Möhre schälen, erst in Scheiben, dann in feine Stifte schneiden.

Den Speck würfeln und in einer Pfanne auslassen, die Zwiebelwürfelchen und Möhrenstifte dazugeben. Goldbraun anrösten. Das Speckgemüse und 1 EL Butter unter die Hirse mengen. Mit Salz und Pfeffer abschmecken.

Zwischendurch die Würste in einer Pfanne in etwas Butterschmalz oder Bratöl knusprig braten.

Je eine Portion Hirse auf dem Teller anrichten, mit der Bratwurst belegen. Je nach Geschmack noch mit etwas Bratfett beträufeln.

Dazu Rapünzchensalat oder einen gemischten Salat reichen.

Anstelle von Speck kann Öl verwendet werden, man kann auch die Möhre weglassen. Besonders lecker schmeckt das Ganze mit gegrillten Würstchen.

Die erzgebirgische Weihnachtsbratwurst ist eine grobe Bratwurst mit Kümmel, die traditionell zum Neunerlei gehört.

Selleriesalat

Für 4 – 8 Portionen

1 oder 2 Sellerieknollen
(600 – 800 g Sellerie)

1 Gemüsezwiebel

3 EL Rapsöl (oder Leinöl)

4 EL Zitronensaft oder
Weißwein- bzw. Kräuteressig

1/2 TL Zucker

1 Prise Salz

Petersilie oder Schnittlauch

Sellerieknollen sauber bürsten und in Salzwasser ca. **20 Minuten** bissfest garen. Mit der Schaumkelle aus dem Kochwasser nehmen und in kaltes Wasser geben. Schälen, halbieren und in Scheiben oder Stifte schneiden.

Eine Marinade zubereiten. Dafür die geschälte, in feine Würfelchen geschnittene Zwiebel mit Salz und Zitronensaft oder Essig vermengen. **10 Minuten** marinieren, dann das Öl und 2 – 3 EL von der Kochflüssigkeit angießen. Mit Zucker und Pfeffer abschmecken. Über die Selleriescheiben gießen. Mindestens **1 Stunde** durchziehen lassen. Mit Schnittlauchröllchen oder mit gehackter Petersilie bestreuen.

Rote Bete

600 g Rote Bete (kleine bis
mittlere Knollen)

60 ml Rotweinessig

1/2 TL Pfefferkorner

1 TL Kümmel, Salz, Pfeffer

(1/2 TL Korianderkörner)

3 EL Leinöl oder Rapsöl

2 EL Meerrettich

Die Rote Bete mit 40 ml Rotweinessig, Gewürzen und etwas Salz in so viel Wasser kochen, dass sie gerade bedeckt ist. Die Gare am besten mit einem Holzstäbchen oder einer Rouladennadel prüfen. Die erkalteten roten Rüben schälen und in Stücke oder Scheiben schneiden und mit dem restlichen Rotweinessig, Salz, Pfeffer, Leinöl oder Rapsöl marinieren. **2 bis 3 Stunden** durchziehen lassen. Mit frisch geriebenem Meerrettich servieren.

Zur Herbst- und Winterzeit und ganz besonders zum Weihnachtsfest gehört der Bratapfel. Dafür eignen sich besonders die Sorten Boskop, Renette oder Jonagold.

Die Bauernstuben im Erzgebirge hatten früher alle einen großen Ofen mit mindestens zwei Röhren: eine zum Kochen und Backen, die andere zum Warmstellen von Speisen. Dort stand im Spätherbst und Winter oft ein Teller mit garen Bratäpfeln – gewaschene Äpfel, bei denen die Blüte ausgestochen und durch etwas Zucker oder auch Kandiszucker ersetzt worden war, und die Stunden in der Röhre schmorten.

Äpfel waren immer hoch angesehen. Sie schmückten die Christbäume und steckten in der Tüte für die Schulanfänger. In erzgebirgischen Hausgärten und auf Streuobstwiesen sind Apfelsorten anzutreffen, nach denen man im Handel oft vergebens sucht oder die längst in Vergessenheit geraten sind: Berner Rosenapfel (der ideale Weihnachtsapfel), Bohnapfel, Borsdorfer, Boskop (ideal für Apfelmus und als Bratapfel), Klarapfel (zum Frischverzehr und für Apfelmus) oder Rote Sternrenette (ein klassischer Weihnachtsapfel). Borsdorfer Äpfel wurden bereits im 15. Jahrhundert auf den Märkten von Freiberg und Meißen zum Verkauf angeboten.

Die Schauanlage Heimatecke Waschleithe ist wie ein traditioneller Weihnachtsberg aufgebaut – hier das ehemalige Fichtelberghaus

Leckerer schmecken die Äpfel, wenn sie gefüllt werden:

Gefüllte Bratäpfel

Für 4 große Äpfel

50 g Rosinen

50 g gehackte Mandeln oder Nüsse (Walnüsse, Haselnüsse)

80 – 120 g Zucker

Rum oder Apfelsaft

Butterflöckchen

Die Äpfel waschen und abtrocknen. Das Kernhaus ausstechen und die Öffnung etwas vergrößern. Evtl. einen Deckel abschneiden. Mit einer Mischung aus Butter und Zucker (oder Rosinen, Zucker und Butter), etwas Zimt, Walnüssen, Haselnüssen oder Mandeln füllen. Dabei den Zucker mit etwas Calvados, Rum oder Apfelbrand anfeuchten.

Die Äpfel in eine gebutterte Auflaufform oder auf ein mit Backpapier ausgelegtes Blech stellen. Einige Butterflöckchen aufsetzen. Im vorgeheizten Herd bei **180 bis 200 °C** Ober- und Unterhitze **20 bis 30 Minuten** backen. Mit Puderzucker bestreuen.

Dazu kann man Vanillesoße reichen oder mit Vanille oder Zimt gewürzte Sahne und eine Kugel Eis.

Man kann aber auch kurz vor Ende der Backzeit eine Baiserhaube aufsetzen.

Alternative für die Füllung:
150 g Marzipanrohmasse mit 1 Eigelb verrühren, mit gehackten Mandeln, Rosinen, Zimt und Vanillezucker abschmecken. Für Erwachsene können die Rosinen in Ebereschenlikör oder Calvados, für Kinder in etwas Apfelsaft eingelegt werden.

„Äppeln pratzeln in dr Rähr, Weihnachtsäppeln, su e Staat ..."
Stephan Dietrich, genannt Saafnlob (1898–1969)

Braune Linsen

250 g braune Linsen
(Tellerlinsen)

40 g Soßenlebkuchen

1 l Rinderbrühe

4 EL Pflaumenmus

50–60 g magerer Bauchspeck

Salz, Essig, Pfeffer

Die Linsen in 3/4 Liter Wasser ansetzen (man kann sie auch einige Stunden darin einweichen lassen) und langsam gar kochen. Den Soßenlebkuchen zerbröseln und in ca. 6 EL Rinderbrühe einweichen. Nach etwa **45 Minuten**, wenn das Wasser fast aufgebraucht ist, die gesamte Brühe angießen. Soßenkuchen und Pflaumenmus unterrühren und gut durchkochen.
Den Speck in feine Würfelchen schneiden, braten und zu den Linsen geben. Mit Salz, Essig und Pfeffer abschmecken.

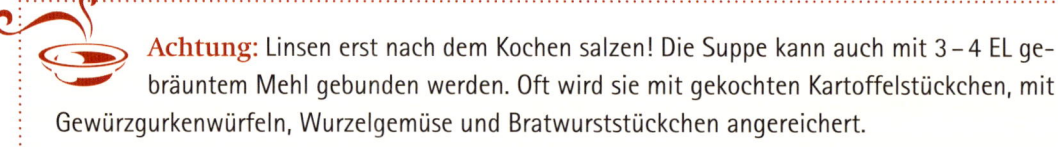

Achtung: Linsen erst nach dem Kochen salzen! Die Suppe kann auch mit 3–4 EL gebräuntem Mehl gebunden werden. Oft wird sie mit gekochten Kartoffelstückchen, mit Gewürzgurkenwürfeln, Wurzelgemüse und Bratwurststückchen angereichert.

Semmelmilch

Warme oder auch kalte Milch über (geröstete) mit Zimt und Zucker bestreute Weißbrot- oder Semmelwürfel gießen. Vor dem Servieren die Semmelmilch mit gehackten Haselnüssen oder gerösteten Mandelsplittern bestreuen.

Suppen

Sauerkrautsuppe

50 g Speck, 1 Zwiebel

400 g frisches Sauerkraut

1 l Fleischbrühe

250 g Kartoffeln, mehlig kochend

1 Lorbeerblatt

nach Belieben 30 g Schnittkäse

250 g Hackfleisch, gemischt

Salz, Pfeffer

Knoblauch, Majoran

Petersilie

1 Prise Zucker

nach Belieben Kümmel

nach Belieben frische Kräuter: Majoran, Oregano, Bohnenkraut, Thymian

Sauerkrautsuppe ist eine Wintersuppe, die nach zu reichlichem Alkoholgenuss auch den „Kater" vertreiben soll.

Speck würfeln, im Topf auslassen, Zwiebel in kleine Würfel schneiden und darin anbraten, das grob geschnittene Sauerkraut zugeben. Alles anschwitzen. Brühe angießen und aufkochen. Geschälte, klein geschnittene Kartoffeln und das Lorbeerblatt zugeben. Nach Belieben Schnittkäse in kleine Würfel schneiden und einrühren. Hackfleisch mit Salz, Pfeffer, fein gehacktem Knoblauch und Majoran kräftig abschmecken und kleine Hackbällchen formen.

Wenn die Kartoffelstückchen zerfallen und die Suppe gar ist, die Hackbällchen hineingeben. **5 Minuten** ziehen lassen. Die Suppe mit einer Prise Zucker, gehackter Petersilie (und gemahlenem Kümmel) abschmecken. Oder mit frisch gezupften Kräuterblättchen von Majoran oder Oregano (Dost), Bohnenkraut und Thymian bestreuen.

Alternative: Wird die Suppe ohne Fleischklößchen zubereitet, kann sie auch mit gebräuntem Mehl gebunden werden. Dafür 2 bis 3 Esslöffel Butter in einer Pfanne schmelzen, die gleiche Menge Mehl einrühren. Unter Rühren nicht zu stark bräunen und noch heiß zur fertigen Suppe geben. Unterrühren und nochmals aufkochen. Vor dem Servieren kann noch ein Klecks saure Sahne pro Portion zugegeben werden.

Erzgebirgische Kartoffelsuppe

Für 4 – 6 Portionen

1 kg Kartoffeln, mehlig kochend

40 g Speck

2 mittelgroße Zwiebeln

30 g Butterschmalz

2 EL Weizenmehl (Type 550)

Salz, Pfeffer, Majoran, (Kümmel)

1 l Kessel- oder Fleischbrühe

250 g geputztes Gemüse (Möhre, Sellerie, Lauch)

1 EL Öl

Kartoffeln waschen, schälen und klein schneiden. Speck und geschälte Zwiebel in Würfelchen schneiden.
Butterschmalz in einem großen Topf erhitzen, Zwiebel und Speck darin anbraten. Die Kartoffeln dazugeben, mit Mehl bestäuben und mit Salz, Majoran (und Kümmel) würzen. Unter Rühren leicht anbraten. Brühe und 3/4 Liter Wasser angießen. Noch **20 bis 25 Minuten** köcheln lassen. Mit dem Kartoffelstampfer die weichen Kartoffeln zerdrücken.
Während die Suppe köchelt, Möhre und Sellerie in feine Stifte und den Lauch in Halbringe schneiden. In einer Pfanne mit 1 EL Öl anrösten, dabei etwas salzen.
Das vorbereitete Röstgemüse in die Suppe geben. Aufkochen und etwas ziehen lassen. Mit Salz, Pfeffer und Majoran abschmecken.
Dazu Würstchen oder gebratene Blutwurstscheiben servieren.

Das Erzgebirge ist berühmt für die gute Qualität seiner Blutwurst. Zwei erzgebirgische Fleischermeister dürfen sich rühmen, dass sie in den französischen Orden der Blutwurstritter aufgenommen wurden. Eine gute Blutwurst schmeckt kalt oder heiß aus Topf oder Tiegel, frisch oder geräuchert. Gern wird sie mit Kartoffelbrei oder in einer Kartoffelsuppe genossen – oder auf traditionell gebackenem Sauerteigbrot mit etwas Senf oder zusammen mit frischer Leberwurst, Bratwurst und Wellfleisch auf der deftigen Schlachteplatte.

Neunkräutersuppe

150–200 g verlesene und gewaschene Kräuter (Kerbel, Petersilie, Spinat, Sauerampfer, junger Salat, Gartenkresse, Borretsch, Melisse, Giersch)

1 l Fleischbrühe

20–30 g Butter, Butterschmalz oder Gänseschmalz

1 große Semmel

1–4 Eigelb, 1 EL Sahne

Muskatblüte

Die Kräuter klein schneiden und im Topf mit Butter gut durchschwitzen lassen. Ein wenig Brühe aufgießen und die Kräuter pürieren. Restliche Fleischbrühe zugeben. **5 bis 10 Minuten** kochen lassen. In der Zwischenzeit die Semmel in Scheiben schneiden und goldgelb rösten.

Die Suppe mit Eigelb, das mit einem Esslöffel Sahne verrührt wurde, abziehen. Mit Salz und Pfeffer abschmecken. Die Semmelscheiben in Butter oder Gänseschmalz goldbraun rösten, auf die Teller legen und die Suppe darüber verteilen.

Weitere Kräutermischungen für Neunkräutersuppen:

· Gundermann, Löwenzahn, Brennnessel, Schafgarbe, Sauerampfer, Spitzwegerich, Veilchenblätter, Huflattichknospen, Gänseblümchenrosetten
· Vogelmiere, Weißer Gänsefuß, Brennnessel, Schlangenknöterich (Otterzunge), Weiße Taubnessel, Giersch, Wilde Malve, Sauerampfer und Gänseblümchen (auf die Suppe aufstreuen)

Neunkräutersuppen werden gern mit Gänseblümchen dekoriert. Das anspruchslose Heilkraut blüht von März bis Oktober. Es wirkt appetitanregend, blutreinigend und entzündungshemmend.

Holunderbeerensuppe mit Rösteln (oder Schneeklößchen)

Für 4 – 6 Portionen

1 Birne oder 1 Apfel

500 g Holunderbeeren

Schale von 1 Bio-Zitrone

1 Stück Zimtstange, 3 Nelken

80 – 100 g Zucker, 1 Prise Salz

100 ml Kirschsaft oder Rotwein

2 EL Stärkemehl

Röstel:

40 g Butter, Weißbrotwürfel

Schneeklößchen:

1 Eiweiß, 1 TL Vanillezucker

2 EL Zucker

Apfel oder Birne schälen, vierteln und das Kernhaus ausschneiden. Die gewaschenen Holunderbeeren mit dem Obst, Zitronenschale, Zimt und Nelken in 1 1/4 Liter Wasser **15 bis 20 Minuten** weich kochen. Durch ein Sieb streichen. Zucker und eine Prise Salz zugeben, aufkochen. Das in Kirschsaft oder Rotwein angerührte Stärkemehl unterrühren und nochmals aufkochen lassen. Abschmecken und eventuell noch mit Zucker oder Zitronensaft abrunden.

Auf die Suppenteller verteilen. Heiß mit den in Butter goldbraun gebratenen Weißbrotwürfeln oder Schneeklößchen servieren – oder mit beidem.

Für Schneeklößchen das Eiweiß mit dem Zucker zu festem Schnee aufschlagen, mit einem Teelöffel Klößchen abstechen und auf die Suppe geben.

Als Beilage sind auch Zwiebackstücke beliebt.

 Für die Zubereitung von Holundersuppe nur vollreife Beeren verwenden. Die Dolden abschneiden, gründlich abspülen, die Beeren mit einer Gabel abstreifen. (Unbedingt alle Stiele entfernen, da sie den Geschmack verderben.)

Wildkräuter-Rapunzel-Süppchen

100 g gemischte Frühlings-kräuter, geputzt

100 g Rapunzeln, geputzt

1 Lauchzwiebel, 25 g Butter

1 geh. EL Weizen- oder Dinkelmehl

1 l gute Fleischbrühe (Rind oder Huhn)

Salz, Pfeffer, 1 Prise Muskat

50 ml Sahne, 1 Ei

1 Tafelbrötchen, in 5 mm dicke Scheiben geschnitten

evtl. noch Butter- oder Gänseschmalz

Kräuter und geputzte Rapünzchen klein schneiden. Fein geschnittene Lauchzwiebel kurz in der Butter anschwitzen, Rapünzchen und Frühlingskräuter dazugeben. Unter Rühren ca. **5 Minuten** garen. Mehl aufstreuen. Mit dem Kochlöffel unterrühren. Nach und nach 1/2 Liter heiße Brühe angießen. Dabei gut rühren. Nochmals **5 Minuten** garen. Mit dem Pürierstab aufschlagen. Restliche Brühe dazugeben und unter Rühren aufkochen. Kräftig mit Salz, Pfeffer und Muskat abschmecken. Mit dem Handrührgerät die Sahne und das Ei schaumig aufschlagen.
Die Brötchenscheiben anrösten – mit oder ohne Butter bzw. Schmalz. Je drei oder vier Scheiben in jeden Teller legen. Die Ei-Sahne unter die Suppe rühren. Suppe über die Röstscheiben gießen und sofort servieren.

Nach diesem Rezept kann auch eine Brennnessel-suppe, gemischte Wildkräutersuppe oder eine Spinatsuppe zubereitet werden. Sie benötigen dafür 200 bis 250 g verlesene und geputzte Kräuter.

Neudorf im Oberen Erzgebirge ist als Suppendorf bekannt und besitzt sogar ein eigenes Suppenmuseum. Alljährlich wird hier Kirmes im Suppenland gefeiert, natürlich auch mit einem Suppenkochwettbewerb.

Rindfleisch- oder Hühnerbrühe

500 g Rinderbrust bzw.
1 Suppenhuhn

1/2 TL Salz

3 Pfefferkörner

3 Pimentkörner

1 Lorbeerblatt

2 Nelken

getrocknetes oder frisches
Suppengrün

1 Zwiebel

Fleisch in 1 1/2 Liter kaltem Wasser aufsetzen, aufkochen lassen und mehrfach abschäumen. Alle übrigen Zutaten hinzugeben. Sanft köcheln lassen. Wenn das Fleisch gar ist, wird es aus der Brühe genommen. Die Brühe abgießen und evtl. entfetten.

Das Fleisch kann als Suppeneinlage oder für einen Salat verwendet werden. Gekochte Rinderbrust mit Meerrettichsoße (S. 48) und Klößen oder Knödeln servieren.

Biersuppe

50 g Rosinen

2 EL Mehl

1/8 l Sahne

3/4 l Milch

3 El Zucker

1 Prise Salz

3 Eigelb

1/2 l Weißbier oder helles Bier

etwas Zimt

4 Scheiben Weißbrot

40 g Butter

Die Rosinen verlesen und waschen. In einer Tasse das Mehl mit der Sahne verrühren. Die Milch mit Rosinen, Zucker und einer kräftigen Prise Salz erhitzen. Die Sahne-Mehl-Mischung angießen. Gut mit dem Schneebesen unterrühren. **2 bis 3 Minuten** kochen lassen. Vom Herd nehmen.

Eigelb in einer Tasse verrühren, dabei einige Löffel von der heißen Milch zugeben. Die Suppe damit abziehen. Das Bier unterrühren. Nochmals erhitzen, aber nicht aufkochen lassen.

Je nach Geschmack noch mit Zimt und etwas Zucker abschmecken.

Weißbrot in Würfel schneiden und in der Butter anrösten. Die Suppe auf die Teller verteilen. Am Tisch noch die gerösteten Brotwürfel darüber geben.

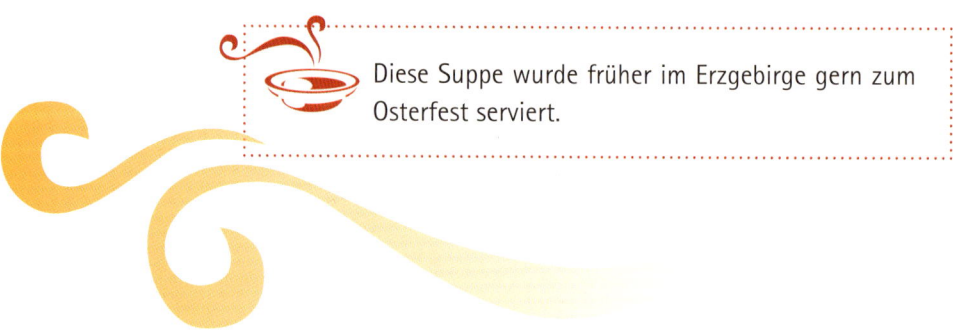

Diese Suppe wurde früher im Erzgebirge gern zum Osterfest serviert.

Allerlei Salate, Beilagen und kräftige Häppchen

Wildkräutersalat / Rapunzelsalat

*2 Handvoll Wildkräuter
(z. B. Giersch, junge Löwen-
zahnblätter, Gundermann,
Sauerampfer, Schafgarbe,
Spitzwegerich, Brunnenkresse,
Wiesenschaumkraut)*

oder 125 g Feldsalat (Rapunzeln)

Marinade:

1 EL Weinessig oder Zitronensaft

3 EL Öl, Salz, Pfeffer, 1 TL Honig

Bärlauch oder Schnittlauch

Essig, Öl, Salz, Pfeffer, Honig und klein geschnittenen Bärlauch bzw. Schnittlauch zu einer Marinade verrühren.
Die gründlich gewaschenen, gut abgetropften, klein gezupften Kräuter bzw. den Feldsalat mit der Soße vermengen.
10 Minuten durchziehen lassen, dann auf zwei Teller verteilen. Mit Wildkräuterblüten oder Radieschen dekorieren.
Dazu schmeckt Erzgebirgsforelle (S. 58).

Grüner Salat mit Gurke

1 Kopfsalat

1 mittelgroße Salatgurke

1 TL Zucker

*Saft von 1/2 – 1 Zitrone oder
etwas Weinessig*

1 EL Dill, fein geschnitten

*Salz, Pfeffer, Rapsöl oder
Sonnenblumenöl*

Salat waschen, gut abtropfen lassen. Blätter ablösen, Herz
längs vierteln. Die Gurke schälen und raspeln. Salatblätter
in mundgerechte Stücke zupfen, mit der geraspelten Gurke, Zucker, Zitronensaft und Dill vermengen. Mit Salz und
Pfeffer würzen. Zuletzt 1 bis 2 EL Öl untermengen und servieren.

Gurkensalat mit Borretsch und saurer Sahne

Salatgurke (300 g)

8 – 10 Blätter Borretsch

*100 – 125 ml saure Sahne
(20 % Fett)*

Salz, Pfeffer

1 Prise Zucker

*Borretschblüten, ohne rauen
Blütenansatz*

Weinessig

Die geschälte Gurke mit der Küchenreibe in eine Schüssel raspeln oder hobeln. Borretschblätter ohne harte Blattachse klein schneiden und mit den Gurkenstückchen vermengen. Sahne unterrühren. Mit Salz, Pfeffer, ein paar Tropfen Weinessig und einer Prise Zucker abschmecken. Mit Borretschblüten dekorieren.

Sofort servieren.

Der Gurkensalat wird gern zu „neuen" Kartoffeln, also zu Frühkartoffeln, gereicht. Diese werden entweder als Pellkartoffeln (Schöler-Ardäppeln) gekocht oder die dünne Schale wird abgeschabt und sie werden wie Salzkartoffeln gegart. Neben Salz wird gern auch etwas Kümmel ins Kochwasser gegeben.

In Leinöl eingelegter Ziegenkäse

1 Ziegencamembert oder Ziegenkäse nach Feta-Art oder Ziegenfrischkäse

Gewürze: edelsüßes Paprikapulver, Kümmel, Knoblauch, Chili (nach Geschmack)

frische Kräuter (Thymian, Bärlauch, Rosmarin o. a., Menge nach Belieben und Geschmack)

Käse in mundgerechte Stücke schneiden. Paprika, Kümmel, Knoblauch oder Chili und frische Kräuter wie Thymian, Bärlauch oder Rosmarin zugeben. Leinöl angießen und gut verschlossen an kühlem Ort einen Tag durchziehen lassen.

 Schmeckt besonders lecker auf frischem und geröstetem Brot, zu grünem Salat oder Tomatensalat.

Die Erzgebirgsziege ist rotbraun mit schwarzem Strich und schwarzen Unterbeinen. Sie gehört zu den gefährdeten Haustierrassen.
Ziegenkäse hat im Erzgebirge eine lange Tradition, galt die Ziege doch als die „Kuh des kleinen Mannes". In Drebach wird in der Hofkäserei Horn Ziegenkäse handwerklich hergestellt (Foto). Besondere Berühmtheit erlangte der Aberthamer Ziegenkäse, der auch an den Dresdner Hof geliefert wurde.

Schieb(b)öcker – erzgebirgischer Kochkäse

100 g Butter

160 – 200 ml Bier

400 g sehr reifer Sauermilchkäse (Harzer Roller, Bauern-
handkäse o. Ä.)

100 g reifer Camembert

1 – 2 TL Kümmelkerne

Salz

Paprikapulver

Der Schiebböckerverein Sosa veranstaltet übrigens jähr-lich ein Fest rund um diese Käsespezialität mit Verkos-tung und Prämierung des besten Schiebböckers.

Butter in einer Rührschüssel im Wasserbad oder im Sim-mertopf schmelzen. Bier angießen und erhitzen.

Den Sauermilchkäse in Würfel schneiden. Vom Camem-bert den Edelschimmel abkratzen und den Käse in Stücke schneiden. Käse zur Bier-Butter-Mischung geben. Bei etwa **60 °C** unter ständigem Rühren den Käse schmelzen, bis eine homogene, dickflüssige Masse entstanden ist. Falls er-forderlich, noch etwas Bier angießen. Die Käsemasse kann jetzt auch mit dem Pürierstab noch fein cremig gerührt werden. Zuletzt kräftig mit Kümmel, Salz und Pfeffer wür-zen und nochmals gut umrühren. Den Käse in eine Deckel-schale oder in Schraubgläschen füllen. Die Oberfläche mit edelsüßem Paprika bestreuen. Gefäße verschließen und für **24 Stunden** im Kühlschrank oder Keller lagern.

Mit kräftigem Roggenbrot, Butter, saurer Gurke oder Ge-würzgurke und mit in Essig, Leinöl, Salz und Pfeffer einge-legten Zwiebelringen servieren. Dazu noch Sauerkrautsalat (Rezept S. 40) reichen. Der Käse schmeckt auch gut auf mit Gänseschmalz bestrichenen Schwarzbrotscheiben.

Die erzgebirgischen Hausierer, Olitätenhändler, Rußbuttenmänner und Leineweber waren oft tagelang mit ihrem Schiebebock unterwegs, um ihre Waren zu verkaufen. Kehrten sie ein, bestellten sie meist Brot, Butter und den einfachen Käse, den die Wirte selbst zubereiteten. „Essen für nen Schiebböcker", rief der Wirt in die Küche und so erhielt auch dieser Käse seinen Namen: „Schieb(b)öcker".

Rotkohl

Für 4 – 8 Portionen

1 kg Rotkohl

1 TL Zucker

Salz, Pfeffer

60 – 80 ml Rotweinessig

40 – 50 g Räucherspeck oder 3 – 4 EL Öl oder Schmalz (Gans, Ente oder Schwein)

ggf. Rotwein oder Apfelsaft

6 Nelken

1 Lorbeerblatt

1 Zwiebel

4 – 6 EL Apfelmus, ungesüßt

ggf. Apfelsaft

Pfeffer und Piment aus der Mühle

evtl. 1 Msp. Zimt

Geputzten Rotkohl halbieren, den Strunk herausschneiden. Kohl fein streifig schneiden, mit Zucker, etwas Salz und Pfeffer vermengen und gut durchkneten. Es empfiehlt sich, Handschuhe zu tragen. 40 ml Essig angießen und den Kohl eine halbe Stunde marinieren.

Speck würfeln und in einer Pfanne auslassen. Das Fett in den Kochtopf abgießen. Grieben in der Pfanne beiseitestellen. Den Kohl im Speckfett (bzw. in Öl oder Schmalz) sanft anschmoren. Nach **6 bis 10 Minuten** mit 2 EL Rotweinessig ablöschen. Eventuell auch etwas Wasser (Apfelsaft oder Rotwein) angießen.

Mit zwei Nelken das Lorbeerblatt an der geschälten Zwiebel befestigen und die restlichen Nelken ebenfalls in die Zwiebel eindrücken. Die gespickte Zwiebel zum Rotkohl geben. Die Temperatur absenken und den Topfdeckel auflegen. Bei niedriger Temperatur noch etwa **10 bis 15 Minuten** garen, dann ist der Kohl noch bissfest. Nun die Zwiebel entfernen und den Kohl mit Apfelmus (oder mit geschältem, frisch geriebenem Apfel) binden. Evtl. etwas Wasser oder Apfelsaft angießen. Aufkochen lassen, mit Pfeffer, etwas Piment aus der Mühle und je nach Vorliebe noch mit einer Messerspitze Zimt würzen. Die Speckgrieben in der Pfanne nochmals anbraten und zum Kohl geben. Abschmecken und – falls erforderlich – mit Pfeffer, Salz, Essig und etwas Zucker nachwürzen.

Wer den Rotkohl weicher wünscht, muss **10 bis 15 Minuten** zusätzliche Garzeit einplanen. Es können auch geschälte, vom Kernhaus befreite Apfelstücke mitgegart werden. Dann entfällt die Zugabe von Apfelmus.

Gern werden zum Rotkohl einige in Butter gebratene Apfelringe gereicht. Dafür einen schönen Apfel waschen, abtrocknen, das Kernhaus ausstechen. Den Apfel in etwa 0,5 cm dicke Ringe schneiden. In einer Pfanne Butter und etwas Zucker schmelzen. Die Apfelringe darin von beiden Seiten goldbraun braten. Oder die Apfelringe mit Öl bestreichen und in einer Grillpfanne von beiden Seiten **2 bis 3 Minuten** grillen.

Dieser Rotkohl passt gut zu Wild, Kaninchen, Gans oder Ente.

Wirsing mit Speck

1 Wirsing, ca. 1 kg

30 g Speckwürfelchen

1 kleine Zwiebel, geschält und in Würfelchen geschnitten

1/4 l Gemüsebrühe oder Wasser

100 ml Sahne

Muskat

Salz, Pfeffer

Wirsing vierteln, Strunk herausschneiden. Das Kraut in dünne Streifen schneiden. Speck- und Zwiebelwürfelchen leicht anbraten. Den Wirsing dazugeben, etwas schmoren. Wasser oder Gemüsebrühe angießen. Ist die gewünschte Gare fast erreicht, die Sahne angießen. Noch **3 bis 4 Minuten** schmoren. Mit Muskat, Salz und Pfeffer abschmecken.

Gemüse- und Kräutervielfalt in Erzgebirgischen Gärten

Ludwig Camerarius, *ein Schwiegersohn der bedeutenden Annaberger Unternehmerin Barbara Uthmann (1514–1575), legte in* **Annaberg** *Gärten an und eröffnete einen* **botanischen Garten** *an der Lateinschule.*

Dort wuchsen: Artischocken, Endivien, Erdbeerspinat, Erbsen, Grünkohl, Kopfsalat, Kohlrüben, Kürbis, Lattich, Linsen, Meerrettich, Möhren, Paprika, Pastinaken, Portulak, Radieschen, Rettich, Roter und Weißer Mangold, Rotkohl, Schnittkohl, Sellerie, Spargel, Steckrüben, Stoppelrüben, Tartofil (Kartoffeln), Wasserrüben, Weißkohl.

Aber auch Kräuter wurden bereits in großer Vielfalt gezogen: Anis, Bärlauch, Basilikum, Beifuß, Blutampfer, Bockshornklee, Bohnenkraut, Borretsch, Breitblättrige Kresse, Dill, Dost, Eberraute, Engelwurz, Estragon, Fenchel, Gartenampfer, Gartenkresse, Gartenmelde, Knoblauch, Knoblauchsrauke, Koriander, Lavendel, Liebstöckel, Majoran, Petersilie, Pimpinelle, Ringelblume, Rosmarin, Scha-

lotten, Schlangenknoblauch, Schnittlauch, Schwarzkümmel, Süßdolde, Weinraute, Zitronenmelisse, Ysop, verschiedene Salbeisorten und Minzen.

Berühmt war auch der **Garten des Drebacher Pfarrers David Rebentrost** *(1614–1703).*

Heute erblühen in Drebach jedes Frühjahr unzählige „Nackte Jungfern" – Nachfahren seiner blauen Krokusse. Am Bürgerhaus wurde nach alten Plänen der Kräutergarten neu angelegt (Foto).

Sauerkraut

20 g Schmalz, Öl oder Butter

1 Zwiebel

600 g frisches Sauerkraut

1/4–1/2 l Brühe oder Wasser

50 g frisch geriebene, mehlig kochende Kartoffel zum Binden

Zum Würzen: Kümmel, Majoran

Schmalz, Öl oder Butter erhitzen, klein geschnittene Zwiebel darin glasig anschwitzen. Sauerkraut zugeben, alles vermengen und noch einmal durchbraten. Brühe angießen. Bei geschlossenem Deckel ca. **20 Minuten** garen, dann geriebene Kartoffel und Gewürze unterrühren und noch **5 Minuten** kocheln lassen.

Alternativen: Man kann auch 20 bis 30 g Speck würfeln, auslassen und zum Anbraten des Krautes verwenden. Die knusprigen Grieben nach dem Garen zugeben.

Für **Rahmsauerkraut** das Kraut nur in Butter anschwitzen, keine Zwiebel zugeben. Beim Garen 100 bis 150 ml Sahne angießen. Mit Salz und Pfeffer abschmecken.

Soll das **Kraut zu Eisbein** gereicht werden, dann Eisbeinbrühe zum Angießen verwenden. Steht Kesselbrühe (Wurstbrühe) zur Verfügung, dann wird das Sauerkraut damit zubereitet und zusätzlich mit etwas Majoran gewürzt. Dazu gibt es Wellfleisch oder Bratwurst mit Salzkartoffeln oder Brot.

Sauerkraut kann bereits am Vortag zubereitet werden. Denn – wie schon Witwe Bolte wusste – das Kraut schmeckt aufgewärmt noch besser.

Sauerkrautsalat

300 g Sauerkraut

1 Möhre

2 Äpfel

2 EL Rapsöl oder Leinöl

Salz, Pfeffer, Zucker

Sauerkraut klein schneiden. Möhre schälen und raspeln, von den Äpfeln das Kerngehäuse entfernen und raspeln. Sauerkraut, Möhren und Äpfel zusammen mit dem Öl vermengen, mit Salz, Pfeffer und Zucker abschmecken.

Wildspinat (*Griekraut*)

400 – 500 g Wildkräuter (Schlangenknöterich = Otterzungen, Giersch, Melde, Brennnessel, Bärlauch, Vogelmiere, Spitzwegerich, Schafgarbe, Knopfkraut = Franzosenkraut)

30 g Speck, 1 EL Öl

1 Zwiebel, 2 Knoblauchzehen

1/4 l Fleisch- oder Gemüsebrühe

1/8 l Sahne

1 EL Weizenmehl

Salz, Muskat, Pfeffer

Die Wildkräuter heiß und kalt waschen und zerkleinern. Speck würfeln und in einem Topf im Öl anbraten. Gehackte Zwiebel und zerdrückten Knoblauch darin anschwitzen, die Kräuter zugeben, kurz andünsten, Fleischbrühe angießen, weiter garen, bis die Flüssigkeit etwas eingekocht ist. Sahne mit Mehl verrühren und zum Spinat geben. Kurz aufwallen lassen und mit frisch geriebenem Muskat, Salz und Pfeffer abschmecken.

 Nach diesem Rezept können auch Brennnesselspinat oder Otterzungen (Spinat vom Schlangenknöterich) zubereitet werden. Anstelle von Speck und Öl kann auch Butter oder nur Öl verwendet werden.

Fleischspeisen
Zahmes und Wildes

Gefüllte Täubchen

Für 2–4 Personen

2 küchenfertige Tauben mit Innereien

Butter

250 ml Geflügelbrühe oder Wasser

1 TL Mehl

Füllung:

2 Scheiben Weißbrot

100 ml Sahne

1 Eigelb

Salz, Pfeffer

1–2 EL Petersilie, fein geschnitten

25 g Kochschinken

Mit gebratenen Täubchen wurden im Erzgebirge die Wöchnerinnen beschenkt. Die „Wöchnerinnensuppe" wurde immer mit einem Täubchen zubereitet. Davon durfte kein anderer essen.

Die Tauben waschen und abtrocknen, die Innereien entnehmen, Taubenherz und Leber fein zerkleinern.

Für die **Füllung** das klein geschnittene Weißbrot mit der Sahne übergießen, mit der Gabel zerdrücken und mit Petersilie, Schinkenwürfelchen, Innereien und dem Eigelb vermengen. Mit Salz und Pfeffer kräftig abschmecken.

Die Tauben damit befüllen, Bauch- und Halsöffnung verschließen. In reichlich Butter **20 bis 30 Minuten** sanft braten. Dabei immer wieder mit Butter übergießen.

Dann im vorgeheizten Herd die Tauben bei **80 °C** auf einer Platte ruhen lassen.

Den Bratensatz mit etwas Brühe oder heißem Wasser ablösen. Bei Bedarf noch entfetten. Falls gewünscht, 1 TL Mehl mit etwas Wasser verrühren und die Soße damit binden. Mit Salz und Pfeffer abschmecken.

Die Tauben halbieren, auf die vorgewärmten Teller geben. Mit Soße begießen. Dazu schmecken hausgemachte Butternudeln (Rezept S. 43).

Variante: Gebratene Täubchen

Die vorbereiteten Täubchen innen salzen und pfeffern. Ein Stückchen Butter und einen Stängel Petersilie ins Innere geben. Die Tauben im Schmortopf in reichlich Butter unter Begießen und Wenden **20 bis 30 Minuten** braten.

Hausgemachte Butternudeln

250 g Mehl (Type 550) oder besser: je 125 g Mehl und Hartweizengrieß

3 Eier

Salz

Butter

Mehl, Eier und Salz gründlich verkneten. Falls erforderlich, etwas kaltes Wasser zugeben.

Die Teigkugel abgedeckt ca. **45 Minuten** ruhen lassen. Nochmals durchkneten und auf leicht bemehlter Arbeitsfläche hauchdünn ausrollen. Etwas antrocknen lassen, locker zusammenrollen und mit scharfem Messer quer zur Rolle in Streifen gewünschter Breite schneiden. Einfacher geht die Zubereitung mit einer Nudelmaschine.

In einem ausreichend großen Topf 3 bis 4 Liter Wasser zum Kochen bringen und salzen. Die Nudeln zugeben und bissfest garen. Abgießen. In den Topf zurückgeben. 1–2 EL Butter zugeben. Gut durchschwenken und sofort servieren.

Die Nudeln schmecken zu gebratenem und gekochtem Geflügel.

Für Nudeln werden auf 100 g Mehl ein Ei, Salz und etwas Wasser gerechnet. Sollen es besonders feine „Hochzeitsnudeln" werden, dann werden 2 Eigelb statt 1 Ei verwendet.

Wildgulasch

600 g Hirschgulasch
(aus der Keule)

Salz, Pfeffer, Piment

1 Msp. Zimt

1 EL Butterschmalz

300 – 350 g Wurzelwerk
(Möhre, Sellerie/Staudensellerie,
Porree, Petersilienwurzel)

2 Zwiebeln

250 – 300 g gemischte Waldpilze, geputzt

100 ml Rotwein

2 – 3 Stängel Thymian

6 Wacholderbeeren

3 Nelken

1 Lorbeerblatt

600 ml Wildfond

100 ml Schlagsahne

Wildpreiselbeeren / Vogelbeer-
konfitüre

Fleisch in etwa 2 x 2 cm große Würfel schneiden, mit Salz, Pfeffer, etwas Piment und Zimt würzen. Butterschmalz erhitzen und das Fleisch darin kräftig anbraten. Das geputzte Gemüse und die Zwiebeln fein würfeln. Zusammen mit den klein geschnittenen Pilzen zum Fleisch geben und mit anbraten. Rotwein angießen, Thymian, angedrückte Wacholderbeeren, Nelken und Lorbeerblatt dazugeben. Die Hälfte des Fonds angießen. Gulasch abgedeckt etwa **45 bis 60 Minuten** schmoren, bis er weich ist. Dabei je nach Bedarf Fond zugeben. Zuletzt die Sahne angießen. Lorbeerblatt und Thymianzweig herausnehmen. Mit Salz und schwarzem Pfeffer aus der Mühle abrunden.
Preiselbeeren separat dazu reichen.

Dazu gibt es Rotkohl und Klöße von gekochten Kartoffeln.

 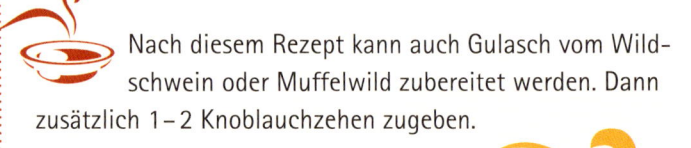

Nach diesem Rezept kann auch Gulasch vom Wildschwein oder Muffelwild zubereitet werden. Dann zusätzlich 1 – 2 Knoblauchzehen zugeben.

Hackbraten „Falscher Hos"

100 g altbackenes Weißbrot
oder Semmel, grob geraspelt

150 ml Milch

1 Zwiebel

1 Knoblauchzehe

600 g gemischtes Hackfleisch
(Rind und Schwein)

1 Ei

Salz, Pfeffer, Piment, Chili

50 g dünne Speckscheiben/
Bacon oder 30 g Butter

Semmelbrösel

Soße:

200 ml saure Sahne oder Sahne

Das geraspelte Weißbrot in Milch einweichen. Die Zwiebel in Würfelchen schneiden, Knoblauch hacken. Weißbrot, falls erforderlich, etwas ausdrücken. Hackfleisch, Weißbrot, Ei, Zwiebel und Knoblauch vermengen, mit Salz, Pfeffer, Piment und Chili abschmecken. Falls Speck eingesetzt wird, dies bei der Salzmenge berücksichtigen.

Aus der Hackmasse einen Hasenrücken formen. In Semmelbrösel wälzen. Im Herd in einer Auflaufform oder auf dem Blech bei **190 °C** Umluft knusprig braten. Dafür entweder mit sehr dünnen Speckscheiben belegen oder mehrfach mit etwas Butter begießen. Nach etwa **30 bis 40 Minuten** den falschen Hasen (und den knusprigen Speck) aus der Form nehmen. Etwas ruhen lassen. Die knusprigen Speckscheiben entweder gleich verzehren oder später servieren. Bratensatz mit etwas Sahne angießen und mit Salz und Pfeffer abrunden. Den „falschen Hos" in Scheiben schneiden und mit Kartoffelbrei oder Bratkartoffeln servieren. Kann auch lauwarm oder kalt als Brotbelag gegessen werden!

Mit frisch durch den Wolf gedrehtem Fleisch wird der Hackbraten besonders lecker. Für belegte Bemmchen halbe Brotscheiben mit Butter und Senf oder nur mit Senf bestreichen, mit Hackbratenscheiben, gekochtem Ei und Gewürzgürkchen belegen.

Apfelfleisch

400 g Schweinekamm ohne Knochen

Salz

1 – 2 EL Butterschmalz oder Öl

1 EL Mehl

1 EL Beifußknospen

1 EL Majoran

4 – 5 Äpfel
(250 – 300 g Apfelstücke)

100 ml Weißwein (Riesling, trocken) oder Apfelsaft

Salz, Pfeffer, Zucker

Das Fleisch wie für Gulasch in kleine Würfel (2 x 2 cm) schneiden und salzen.

Butterschmalz in einer Deckelpfanne oder einem Schmortopf erhitzen, die Fleischwürfel darin ringsum kräftig anbraten. Mit Mehl bestäuben. Bräunen lassen, dabei umrühren. 1/2 Liter kochendes Wasser angießen. Beifuß und Majoran einstreuen und unterrühren. Bei schwacher Hitze abgedeckt etwa **40 Minuten** köcheln lassen. Die Äpfel schälen, längs vierteln, das Kernhaus ausstechen. Die Viertel in etwa 1 cm dicke Stücke schneiden. Apfelstücke über das Fleisch verteilen. Zugedeckt noch **15 bis 20 Minuten** köcheln lassen. Dabei in zwei Gaben den Weißwein oder den Apfelsaft angießen.

Mit Salz, Pfeffer und einer Prise Zucker abschmecken.

Dazu schmecken Wickelklöße (Rezept S. 67) oder Kartoffelklöße (Rezept S. 72).

Eisbein

ca. 1,2 – 1,6 kg frisches Eisbein

1 Bund Suppengrün (2 Möhren, 1 Stück Sellerie, 1/2 Porreestange, 2 – 3 Stängel Petersilie)

1 Zwiebel

nach Belieben 1 – 2 Knoblauchzehen

1 – 2 TL Salz

8 Pfefferkörner

6 Pimentkörner

2 Wacholderbeeren

Eisbein unter fließend kaltem Wasser abwaschen. Mit so viel Wasser in den Topf geben, dass das Fleisch gerade bedeckt ist. Aufkochen. Dabei mehrfach abschäumen. Das geputzte, grob zerkleinerte Suppengrün, Zwiebel sowie die Gewürze zugeben. Deckel auflegen.

Je nach Dicke und Qualität des Fleisches **2 bis 3 Stunden** sanft köcheln lassen. Falls erforderlich, zwischendurch etwas Wasser angießen. Das Fleisch ist gar, wenn es sich leicht vom Knochen lösen lässt. Eisbein aus der Brühe nehmen. Die Brühe durchseihen.

Das Fleisch, nachdem es etwas abgekühlt ist, von den Knochen lösen. In Brühe warmhalten.

Man kann auch die Schwarte noch knusprig anrösten. Dafür das gare, ausgelöste Fleisch mit der Schwarte nach oben in eine Auflauflaufform legen. Die Schwarte leicht einschneiden. Mit Salzwasser bestreichen und im Herd unter dem Ofengrill knusprig anrösten. Vorsicht: verbrennt schnell!

Dazu gibt es Sauerkraut, Kartoffelklöße und Meerrettichsoße (siehe folgende Rezepte).

Eisbein lässt sich gut vorbereiten. Am besten das Fleisch am Vorabend garen. Dann kann man am nächsten Tag den Sud besser entfetten. Eisbein von Tieren, die in Freilandhaltung lebten, ist geschmackvoller. Zu erkennen ist es besonders an längeren Knochen.

Meerrettichsoße mit Weißbrot

300 ml Vollmilch

60 g Weißbrot, entrindet

1 kleine Zwiebel

2 EL Butter

2 Eigelb

300 ml Fleischbrühe

4–6 EL frisch geriebener Meerrettich

1 TL Zitronensaft

Salz, Pfeffer, Zitronensaft, Zucker

Weißbrot würfeln und in 100 ml Milch einweichen. Die Zwiebel schälen, fein hacken und in einer Kasserolle in Butter anschwitzen. Eigelb mit 2 bis 3 EL Milch verrühren. Restliche Milch zu den Zwiebeln geben, unter Rühren aufkochen. Das eingeweichte Weißbrot zugeben. Gut verrühren. Etwa **5 Minuten** köcheln lassen. Dabei nach und nach Fleischbrühe angießen. Von der Herdplatte nehmen. Mit dem Eigelb abziehen. Den Meerrettich unterrühren und mit Salz, Pfeffer, Zitronensaft und einer Prise Zucker abschmecken.

Schmeckt zu gekochtem Schweinebauch, Wellfleisch, Eisbein oder gekochtem Rindfleisch und zu Klößen.

Die Soße wird auch gern zu Gänsebraten gereicht, dann wird sie nur mit Milch zubereitet und zum Schluss noch mit etwas Gänsesoße abgerundet. Man kann auch Meerrettich aus dem Glas nehmen.

Leckere Alternative: Apfelmeerrettich
Dafür frischen, fein geriebenen Meerrettich mit der gleichen Menge fein geriebenem Apfel vermengen. Etwas Zitronensaft oder Weinessig zugeben, damit er nicht so schnell braun wird. Mit Salz, Pfeffer und einer Prise Zucker abschmecken. Passt gut zu Schweinebraten, Eisbein, Gänsebraten, kalten Braten, Wellfleisch und gekochtem Rindfleisch!

Ochsenfetzen nach osterzgebirgischer Art

Muss vorbereitet werden!

800 g falsches Filet vom Rind

Pfeffer, Salz, 1 Prise Zucker

2 EL scharfer Senf (Esina oder Bautzener)

40 ml Kräuterlikör (Altenberger Kräuterlikör)

500 g Zwiebeln

2 EL Öl oder Butterschmalz

3 gestr. EL Weizenmehl (Type 550)

1/2 l Rinderbrühe

Das Fleisch von Sehnen und Haut befreien (können für Brühe verwendet werden) und in ca. 0,5 cm dicke Scheiben schneiden. Diese je nach Größe noch in zwei oder drei Stücke schneiden. Mit Salz, Pfeffer und einer kleinen Prise Zucker würzen. In einer Schale mit Deckel Senf und Kräuterlikör zu einer Marinade verrühren. Das Fleisch darin **über Nacht** durchziehen lassen.

Die Zwiebeln schälen, halbieren und in Scheiben schneiden.

Öl oder Schmalz in einer Pfanne erhitzen. Die Fleischstücke darin anbraten. Die Zwiebeln dazugeben und goldgelb braten. Mit dem Mehl bestäuben und umrühren. 1/4 Liter heiße Brühe angießen und sanft schmoren. Nach dem Reduzieren erneut Brühe oder Wasser angießen. Diesen Vorgang noch zweimal wiederholen. Dann so viel Brühe oder Wasser angießen, dass die Ochsenfetzen bedeckt sind. Pfannendeckel aufsetzen und das Fleisch etwa **30 Minuten** weich garen.

Dazu schmecken gemischte Waldpilze oder Champignons und grüne Getzen, aber auch Klitscher, Klöße oder Nudeln.

Sauerbraten mit Pfefferkuchensoße

Muss vorbereitet werden!

Für 4 – 6 Personen

1 – 1,2 kg Rinder-, Hirsch-,
Wildschwein- oder Hammel-
braten

1 – 2 EL Butterschmalz oder Öl

Salz, Pfeffer, Rotwein

60 – 80 g Soßenlebkuchen

200 ml saure Sahne

4 – 6 EL Wildpreiselbeeren-
kompott

Essigbeize:

1 Möhre

1 Petersilienwurzel oder
1 Stück Pastinake

1 Stück Knollensellerie

1 Zwiebel

200 ml Rotweinessig

1 EL Butterschmalz

1 Lorbeerblatt

6 Pfefferkörner, 6 Pimentkörner

3 Wacholderbeeren

ggf. 1 – 2 Knoblauchzehen

Das Fleisch entweder in Essigbeize oder in Buttermilchbeize einlegen. Es sollte darin **1 bis 3 Tage** durchziehen, dabei muss es immer mit Beize bedeckt sein!

Für die Beize klein geschnittenes Gemüse in Butterschmalz anbraten. Essig, Gewürze und 800 ml Wasser angießen. Aufkochen und abgekühlt über das Fleisch geben.
Für Wildschwein- oder Hammelbraten noch 1 bis 2 Knoblauchzehen zur Beize geben.

Alternative: Buttermilchbeize

Wurzelgemüse wie für Essigbeize vorbereiten. Abkühlen lassen. Statt Essig und Wasser 1 Liter Buttermilch angießen, Lorbeerblatt, Wacholderbeeren, Pfeffer- und Pimentkörner unterrühren. Die Gewürzkörner können im Mörser etwas angedrückt werden. Nicht aufkochen.

Das Fleisch aus der Marinade nehmen, abtropfen lassen, trockentupfen, salzen und pfeffern. Butterschmalz im Schmortopf erhitzen und das Fleisch rundum anbraten. Die Marinade durch ein Sieb gießen. Das Gemüse zum Braten geben. Schmoren.
Den Soßenkuchen in etwas Rotwein einweichen.

Von der Marinade immer wieder eine Kelle zum Braten geben. Sanft schmoren lassen. Darauf achten, dass nichts ansetzt. Regelmäßig wenden und immer wieder Marinade nachgießen.

Nach etwa **2 Stunden** ist der Braten gar.

Den Braten aus der Soße nehmen, warm stellen. Den eingeweichten Soßenkuchen unterrühren. Eventuell noch etwas Rotwein angießen. Gut durchkochen. Die Soße durch ein Sieb streichen. Mit Salz und Pfeffer abschmecken.

Das Fleisch in Scheiben schneiden und in die Soße legen. Saure Sahne und Wildpreiselbeeren dazu reichen. Heiß servieren.

Dazu schmecken Klöße von gekochten oder rohen Kartoffeln oder Wickelklöße.

Pilzhähnchen

250 g Waldpilze

2 EL Butter

Salz, Pfeffer

1 Hähnchen (ca. 1200 g)

1 – 2 EL Butterschmalz

500 ml Geflügelbrühe

1 EL Stärkemehl

Petersilie

Die Pilze in Butter braten, mit Salz und Pfeffer abschmecken.

Das Hähnchen in Portionsstücke zerlegen, salzen. Butterschmalz in den Schmortopf geben und die Hähnchenstücke anbraten. In zwei Gaben die Brühe angießen. Ist das Fleisch gar, die Pilze dazugeben. Noch **2 bis 3 Minuten** durchkochen. Falls erforderlich, die Soße mit in Wasser angerührtem Stärkemehl binden. Mit fein gehackter Petersilie bestreuen.

Heubraten vom Rind

Muss vorbereitet werden!

125 g Bergwiesenheu oder kräuterhaltiges Heu aus dem eigenen Garten

1 Lauchstange

1 Möhre

1/2 Sellerieknolle

1 kg falsches Filet vom Rind

1–2 EL Butterschmalz

2 Zwiebeln, grob gewürfelt

Salz, Pfeffer

150 ml Sahne

3–4 EL Preiselbeeren

Butter

Dazu passen Klöße von gekochten Kartoffeln oder böhmisch-erzgebirgische Knödel und Rotkohl.

Das Heu klein schneiden. Lauch, Möhre und Sellerie putzen und in Ringe bzw. Würfelchen schneiden. Heu und Gemüse in einen hohen Topf geben, 2 1/2 Liter heißes Wasser aufgießen, umrühren. Aufkochen und **8 Minuten** kochen lassen. Vom Herd nehmen. Abkühlen lassen.

Das gewaschene, von Sehnen und weißen Häuten befreite Fleisch in den Gemüse-Heu-Sud legen. Es muss gut bedeckt sein. **5 Tage kühl stellen.**

Nach 5 Tagen das Fleisch aus dem Sud nehmen, trockentupfen, salzen und pfeffern.

In einer Deckelpfanne Butterschmalz erhitzen und das Fleisch rundum kräftig anbraten. Temperatur verringern. Die Zwiebeln dazugeben und etwas bräunen.

Den Heu-Sud durch ein Sieb in einen Topf abgießen. Die Gemüse-Heu-Mischung über dem Fleisch verteilen und 300 ml Heu-Sud angießen. Noch **45 bis 60 Minuten** bei **mittlerer Hitze** garen. Das Fleisch aus dem Topf nehmen und abgedeckt warm stellen.

Die Garflüssigkeit durch ein feines Sieb in eine Kasserolle gießen. Etwas ausdrücken. Die Soße aufkochen, Sahne angießen. Etwas reduzieren. Die Preiselbeeren unterrühren, mit Salz und Pfeffer abschmecken.

Vom Herd nehmen. Je nach Geschmack noch mit etwas kalter Butter binden.

Das Fleisch in Scheiben schneiden. Mit der Soße servieren.

Brunnentempel auf dem Gelände der Erzgebirgischen Destillerie und Liqueurmanufaktur in Bockau

Blühende Bergwiesen erfreuen nicht nur das Auge, Bergwiesenheu gehört auch zu jenen Küchenzutaten, die Braten eine besondere Note verleihen.

„… wir könnten des teuren Tees und anderer kostbaren fremden Gewürze wohl entrathen, wenn wir unsere gebirgischen aromatischen Kräuter, Wurzeln, Samen und dergleichen besser kennenlerneten." So berichtet schon Pfarrer Christian Lehmann (1611 – 1688) in seiner Chronik „Historischer Schauplatz derer natürlichen Merkwürdigkeiten in dem Meißnischen Ober-Ertzgebirge".

Auch den erzgebirgischen Arznei-Laboranten, die heilsame Tinkturen fertigten und auch Schnäpse brannten, lieferten die Bergwiesen Kräuter und Wurzeln. Hauptort des erzgebirgischen Laborantenwesens ist Bockau. Hier wurden schon um 1500 viele heilkräftige Pflanzen angebaut und gesammelt. Am berühmtesten ist die Angelikapflanze, auch Engelwurz genannt, der zu Ehren jedes Jahr im August das „Wurzelfest" in Bockau stattfindet. Es wird nicht nur die prächtigste Angelikapflanze prämiert, sondern sogar eine Wurzelkönigin gewählt.

In der „Bockauer Wurzelstube" kann man würzige Kräuterschnäpse verkosten oder kaufen. So auch „Stoughtons – Aecht Bockauer Magentropfen", der von den Erzgebirgern gern zu „Stockdumm" verballhornt wird. Der englische Arzt Dr. Richard Stoughtons war zu Beginn des 18. Jahrhunderts nach Bockau gekommen, um hier das Laborantenwesen zu studieren.

Wildbraten mit Pilzsoße

600 – 1000 g Wildbraten
aus der Keule (Wildschwein,
Hirsch oder Muffel)

3 – 5 Nelken

3 – 5 Wacholderbeeren

Salz, Pfeffer, Piment (frisch
gemahlen)

2 EL Butterschmalz

1 – 2 Zwiebeln

1 – 2 Knoblauchzehen

1 Lorbeerblatt

500 – 800 ml Wildfond oder
Wasser

150 – 250 ml Rotwein, trocken

100 – 200 ml saure Sahne

300 – 600 g gemischte
Waldpilze, geputzt

40 – 60 g Butter

1 – 2 EL Mehl

Das Fleisch mit zerstoßenen Nelken und den zerdrückten Wacholderbeeren einreiben, mit Salz, Pfeffer und Piment aus der Mühle würzen (oder 3 angedrückte Pimentkörner beifügen). In heißem Butterschmalz rundum anbraten. Geschälte, in grobe Stücke geschnittene Zwiebeln, die geschälten, halbierten Knoblauchzehen und das Lorbeerblatt dazugeben. Anschmoren, dann wiederholt mit Wildfond/Wasser und Rotwein begießen. Bei nicht zu hoher Temperatur etwa **50 bis 70 Minuten** schmoren, je nach Größe des Fleischstücks und Alter des Tieres.

Den Braten aus der Soße nehmen und abgedeckt warm halten.

Den Bratenfond mit etwas Wasser und der sauren Sahne angießen. Aufkochen lassen und durch ein Sieb streichen. Zwischendurch die in mundgerechte Stücke geschnittenen Pilze in der Butter anbraten. 1 bis 2 EL Mehl aufstreuen, umrühren. **1 bis 2 Minuten** bräunen. Die Pilze in die Soße geben. Unter Rühren gut durchkochen. Mit Salz und Pfeffer abschmecken.

Den Braten in Scheiben schneiden und mit der Soße servieren.

Dazu schmecken grüne Klöße und Rotkohl, Wickelklöße oder Ardäpplklitscher.

*Das Vorrecht der „hohen Jagd"
schloss Bauern und Bürger vom
Genuss eines Hirschbratens aus.
Aber man behalf sich: So wurde
Fleisch von Haustieren einfach
wie Wildbret zubereitet. Die frischen Spitzen der Fichte verleihen Rindfleisch, aber auch Reh,
Hase, Wildenten oder Fasan eine
besondere Note.*

Nach diesem Rezept können auch Hirschbraten (Schwamme-Hirsch) oder Muffelwild zubereitet werden.

Wer möchte, kann das Fleisch auch am Vortag in eine Buttermilch-Rotwein-Marinade einle-gen. Dafür 1/2 l Buttermilch, 100 ml Rotwein, 6 angedrückte Wacholderbeeren, 1 Lorbeerblatt, 5 – 6 Pfefferkörner und 3 gestoßene Pimentkörner (und ein Fichtenzweiglein) in einer Schüssel vermengen und das Fleisch damit übergießen. Mindestens **24 Stunden** an einem kühlen Ort durchziehen lassen. Beim Schmoren die Marinade und weitere 100 ml Rotwein angießen.

Soll ein „Falscher Wildbraten" von Rind, Ziege oder Lamm zubereitet werden, dann das Fleisch 3 bis 5 Tage lang in dieser Marinade einlegen. Dabei mehrere Fichten- oder Tannenzweig-lein dazugeben. Darauf achten, dass das Fleisch immer gut mit Marinade bedeckt ist, täglich wenden.
Wer möchte, kann das Fleisch vor dem Einlegen noch mit dünnen Räucherspeckstreifen spi-cken.

Rinder-, Hirsch- oder Wildschweinrouladen

3 EL getrocknete Waldpilze

4 Rouladen (à 150–180 g)

200 ml Rotwein

2 EL Butterschmalz

100 g geputztes, klein geschnittenes Gemüse (60 g Möhre, 20 g Sellerie und 20 g Zwiebel)

1 Zweig Rosmarin

Rinderbrühe oder Wildfond

1 EL kalte Butter

Füllung:

50 g Räucherspeck oder 80 g magerer geräucherter Bauchspeck

4–6 gehäufte EL Esina-Senf, scharf

4 kleine Gewürzgurken

2–3 Zwiebeln, Salz, Pfeffer

Wildschwein-Rouladen:

zusätzl. 1–2 Knoblauchzehen, fein gehackt

Die Trockenpilze abspülen und in Rotwein einweichen.

Die **Füllung** zubereiten: Dafür den mageren Bauchspeck fein hacken, mit dem Senf, den fein gewürfelten Gewürzgurken, Zwiebeln (und Knoblauch) vermengen und mit Salz und Pfeffer kräftig abschmecken.

Damit die Rouladen bestreichen und einrollen. Mit je zwei Rouladennadeln verschließen.

In der Pfanne Butterschmalz erhitzen und die Rouladen ringsum kräftig anbraten. Gemüse und Rosmarin zugeben: Sobald das Gemüse zart gebräunt ist, die in Rotwein eingeweichten Trockenpilze hinzufügen.

Unter gelegentlichem Wenden und Angießen von etwas Brühe die Rouladen etwa **90 Minuten** bei geringer Hitze in der abgedeckten Pfanne schmoren.

Die Rouladen aus der Pfanne nehmen. Rosmarinzweig entfernen. Gemüse und Pilze mit dem Stabmixer pürieren. Die Soße durch ein Sieb streichen, evtl. noch etwas Brühe angießen, mit Salz und Pfeffer abschmecken und mit 1 EL kalter Butter abrunden. Rouladennadeln entfernen und die Rouladen wieder in die Soße einlegen.

 Mein Rezept ist eher eine alternative Zubereitung, die auch denen schmeckt, die bei der klassischen Zubereitung mit Speck- und Gurkenstreifen immer in der Roulade „herumstochern".

„die silberklaren und frischen Forellenbäche bey uns …"

Fischgerichte

Die Gebirgsbäche waren früher fischreich. Bachforellen konnten mit etwas Geschick mit der Hand gefangen werden. Auf Stecken gespießt, „grillten" die Wäldner sie über offenem Feuer.

Nach der Gründung der Klöster wurde mit der Forellenzucht in Teichen mit fließendem Wasser begonnen. „Die Fohre, diese ist der vornehmste Fisch im Gebürge ...", lobte bereits Paulus Jenisius (1551–1612). In erzgebirgischen Gewässern gab es damals Äschen, Hechte, Karpfen, Schleien, Karauschen, Aale, Quappen (Aalraupen), Steinbeißer, Schmerlen, Elritzen und Krebse.

Heute sind wieder Bachforelle und Regenbogenforelle, auch Hechte, Barsche und Bachsaiblinge in Flüssen, Bächen und Trinkwassertalsperren heimisch. Gezüchtet werden Forellen und Karpfen.

Erzgebirgsforelle Müllerin Art

Pro Person 1 Erzgebirgsforelle
(ca. 350–400 g)

Pro Forelle:

Salz, Pfeffer

2 EL Mehl oder
1 EL Mehl und 1 EL Grieß

1–2 EL Butterschmalz

1–2 EL Butter

1–2 Scheiben Bio-Zitrone

1 EL Kräuterbutter

Die ausgenommene, geputzte, gewaschene und trockengetupfte Forelle innen und außen salzen und pfeffern. In Mehl oder einem Gemisch von Mehl und Grieß wälzen und in heißem Butterschmalz in der Pfanne langsam durchbraten (je nach Größe **15 bis 20 Minuten**).

Die fertige Forelle mit zerlassener, leicht gebräunter Butter begießen. Mit Zitronenscheiben und Kräuterbutter servieren. Dazu frische, mit fein gehackter Petersilie geschwenkte Salzkartoffeln und Rotkohl reichen.

 Anstelle von Kräuterbutter kann auch Apfel- bzw. Sahnemeerrettich dazugegeben werden.

Alternative:
Forellenfilets Müllerin Art

Da das Entgräten der Fische oft unbeliebt ist, kommt es modernen Essgewohnheiten mehr entgegen, die Forellen zu filetieren und Forellenfilets Müllerin Art zu reichen.
Die Karkassen können für die Zubereitung einer würzigen Fischbrühe verwendet werden, die wiederum eine gute Grundlage für eine Suppe ist.

Und so wird's gemacht:
Die Forellenfilets salzen, pfeffern und in Mehl wenden. In heißem Butterschmalz erst auf der Hautseite ca. **5 Minuten** knusprig braten, dann noch **1 bis 2 Minuten** auf der Fleischseite sanft bräunen. Mit Kräuterbutter oder gebräunter Butter, Salzkartoffeln und Rotkohl servieren.

Kräuterbutter

Für die Kräuterbutter weiche Süßrahmbutter mit etwas Zitronenabrieb, Zitronensaft und feingehackten Kräutern (je nach Geschmack Petersilie, Dill, Kerbel, Schnittlauch) vermengen, mit Salz abschmecken. Die Butter auf Frischhaltefolie oder Alufolie zu einer Rolle formen. Kühl stellen. In Scheiben schneiden und zusammen mit ein oder zwei Zitronenscheiben zur Forelle reichen.

Gebackener Karpfen

1 Karpfen, ca 1,5 – 2 kg

ca. 250 g Butterschmalz

1 Bio-Zitrone

Salz

Mehl

Grieß

2 Eier

Semmelmehl

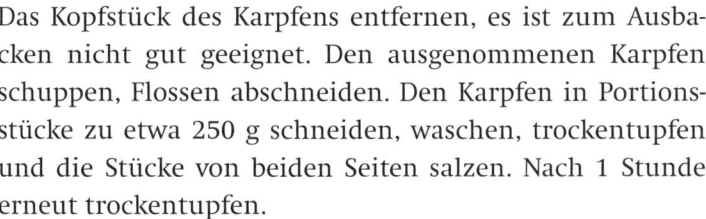

Das Kopfstück des Karpfens entfernen, es ist zum Ausbacken nicht gut geeignet. Den ausgenommenen Karpfen schuppen, Flossen abschneiden. Den Karpfen in Portionsstücke zu etwa 250 g schneiden, waschen, trockentupfen und die Stücke von beiden Seiten salzen. Nach 1 Stunde erneut trockentupfen.

Drei tiefe Teller bereitstellen. In den ersten Teller Mehl und Grieß mischen. Im zweiten Teller die Eier gründlich mit Salz und Pfeffer verschlagen. Auf den dritten Teller Semmelmehl geben. Die Karpfenstücke erst in der Mehl-Grieß-Mischung wenden, dann durch das aufgeschlagene Ei ziehen und schließlich mit dem Semmelmehl panieren.

In einer großen Pfanne mit hohem Rand reichlich Butterschmalz erhitzen. Die Karpfenstücke bei mittlerer Hitze rundum goldbraun braten.

Mit Zitronenscheiben, Butter- oder Petersilienkartoffeln und Buttermöhren oder Rotkohl servieren.

Schmeckt auch mit Kartoffelsalat!

Tipp: Können nicht alle Karpfenstücke gleichzeitig gebacken werden, so halten Sie die gebackenen Stücke im Backofen bei **50 bis 60 °C** Ober- und Unterhitze warm. Übrig gebliebene Karpfenstücke können am nächsten Tag nochmals aufgebacken werden. Dafür das Butterschmalz aus der Pfanne durch ein Sieb in ein Töpfchen gießen. In einer sauberen Pfanne erwärmen und die Karpfenstücke bei mittlerer Temperatur nochmals kurz rundum anbraten.

Mit Karpfen wurde auch „Prinz Lieschen" alias Sophia Sabina Apitzsch bewirtet. Das Mädchen war im Herbst 1714 in Männerkleidern vor der Heirat mit einem ungeliebten Mann ins Erzgebirge geflüchtet. Sie nannte sich hier Monsieur Marbiz und gab sich als aus der Heimat vertriebener Lehrer aus. Wegen des Gerüchts, sie sei Kurprinz Friedrich August (1696–1763) und reise inkognito, wurde sie bald zum umworbenen Ehrengast. Angesehene Herrschaften hofierten und bewirteten sie. Bis das Gerücht den Dresdner Hof erreichte. Im Januar 1715 wurde der angebliche Prinz im Hetzdorfer Erbgericht verhaftet und nach Augustusburg gebracht. Tage später wurde sie von ihrem Vater entlarvt: Monsieur Marbiz sei kein Prinz, ja nicht einmal ein Mann, sondern seine leibliche Tochter Sophia Sabina.

Die sensationelle Kunde machte noch schneller die Runde als vorher die Nachricht vom inkognito reisenden Prinzen. Der Volksmund verlieh dem Mädchen den Spitznamen „Prinz Lieschen".

Am 25. August 1715 wurde Sophia Sabina Apitzsch ins Zuchthaus nach Waldheim gebracht. Gut zwei Jahre später, am 15. Oktober 1717, wurde sie begnadigt und durfte in ihre Heimat Lunzenau zurückkehren. Bis zu ihrem Tod am 3. Februar 1752 lebte sie „ehrbar und zurückgezogen" in ihrem Elternhaus in Lunzenau, ohne jemals zu heiraten.

Prangerstein von „Prinz Lieschen" auf der Augustusburg

61

Forellenfilets nach Hammerherrenart

Für 2 – 4 Portionen

2 Forellen oder Lachsforellen
(450 – 500 g)

200 ml Sahne

Salz, Pfeffer

50 g altbackenes Schwarzbrot
oder Roggenbrot

2 EL Semmelbrösel

2 EL Mehl

Butterschmalz

Die Forellen filetieren und **2 Stunden** in mit Pfeffer und Salz gewürzte Sahne einlegen.

Schwarzbrot reiben und mit Mehl und Semmelbröseln vermengen. Die Filets damit panieren und in heißem Butterschmalz knusprig braten.

Dazu können in Butter gebratene Steinpilze („Herrenpilze") gereicht werden, die mit etwas Petersilie, Salz und Pfeffer gewürzt werden.

Am 20. August 1625 war Kurfürst Johann Georg I. mit Gemahlin und Gefolge zum Abfischen der Forellenteiche bei Hammerherr Heinrich von Elterlein zu Gast. Gespeist wurde in der Stube des Hammerherrn an zwei Tafeln unter grünen Birken.

„Der Kurfürst erhielt als Präsent 3 Mandel der schönsten Fohren (45 Fische) / darunter war eine, die 8 Pfund woge …", schrieb Christian Lehmann.

Ein besonderer Genuss sind wacholdergeräucherte Forellen, die mit frischem Brot, Sahnemeerrettich oder Apfelmeerrettich serviert werden sollten. Wacholdergeräucherte Erzgebirgsforellen wurden schon von Kurfürst August (1526 – 1586) als besondere Delikatesse hochgeschätzt.

„ze Mittich un am Ohmd: Ardäppeln"

Vielfältige **Kartoffelgerichte**

samt Beilagen

Leinöl

Das Erzgebirge ist neben der Lausitz eine der Hochburgen des Leinöls. In Pockau, wo es noch eine alte Leinölmühle gibt, wird seit 1983 aller fünf Jahre ein Leinölfest gefeiert. Leinöl wurde früher die „Butter des armen Mannes" genannt. Zu Brot oder Kartoffeln und Quark wurde meist Leinöl gegessen. Auch für Getzen und Klitscher (Kartoffelreibekuchen) wurde es zum Braten verwendet.

Frisches kalt gepresstes Leinöl schmeckt leicht nussig. Für unsere Ernährung ist es besonders wertvoll, weil es viel Alpha-Linolensäure und wenig gesättigte Fettsäuren enthält. Es passt sehr gut zu Quark und Pellkartoffeln, zu Salaten oder Dips; gut schmeckt Leinöl auch zu Roter Bete und Ziegenkäse.

Es sollte schnell verbraucht werden, weil es sehr empfindlich ist und schnell ranzig wird. Selbst verschlossene Flaschen sind nur wenige Monate haltbar.

Zum Erhitzen ist es weniger geeignet. Im Erzgebirge wurden Getzen und Klitscher oft mit Leinöl gebacken. Speck, Schweineschmalz, Talg und Leinöl waren in früheren Zeiten die in bäuerlichen Haushalten und in der Region preiswert verfügbaren Fette.

Um 1582 baute in Annaberg Barbara Uthmanns Schwiegersohn Ludwig Camerarius Kartoffeln an, damals „Tartofili" genannt. Zubereitet wurden sie allerdings nur in wenigen Küchen des Adels, mit Wein oder Sahne. Um 1723 brachte Alexander Christoph von Beulwitz, kurfürstlicher Oberforstmeister auf Schloss Schlettau, die inzwischen in Vergessenheit geratene Kartoffel zurück ins Erzgebirge. Doch erst nach der schweren Hungersnot von 1771/1772, setzte sich der Kartoffelanbau durch. Die gute Lagerfähigkeit, der niedrige Preis und die unkomplizierte Zubereitung machten Kartoffeln zum Hauptnahrungsmittel der armen Leute.

Ein Spruch im Erzgebirge lautete: „Ardäppelsupp in der Früh, Ardäppel ze Mittich in der Brüh, Ardäppel am Ohmd in der Schol – macht den Tag dreimohl." (19. Jh.)

Schön röthlich die Kartoffeln sind
und weiß wie Alabaster.
Verdäu'n sich lieblich und geschwind
und sind für Mann und Frau und Kind
ein wahres Magenpflaster.

Matthias Claudius

Meine Empfehlung: Getzen oder Klitscher statt mit Leinöl mit einem hoch erhitzbaren Öl zubereiten, auf Küchenkrepp entfetten und dann mit etwas Leinöl beträufeln.

Getzen

Pockauer Ölmühle

Getzen oder Götzen gibt es im Erzgebirge in unzähligen herzhaften, aber auch süßen Varianten. Vielleicht leitet sich die Bezeichnung von *sich an etwas ergötzen* her, genau ist das aber nicht belegt.

Getzen sind einfache, meist fleischlose Gerichte, die aber oft mit reichlich Speck oder Schmalz zubereitet werden. Für dieses Buch wurden die aus den alten, traditionellen Rezepten stammenden Angaben zu den Speck- und Schmalzmengen von mir jedoch stark reduziert.

Lecker und fein knusprig werden grüne Getzen und Buttermilchgetzen, wenn man sie in einer gusseisernen Pfanne zubereitet, der „Getzenpfanne". Wer keine gusseiserne Pfanne besitzt, kann eine Auflaufform verwenden.

Grüner Getzen

Für 1 Portion als Hauptgericht oder 4 Portionen als Beilage

Für eine gusseiserne Pfanne mit 28 cm Durchmesser

500 g geschälte Kartoffeln, eher festkochend

ca. 1/2 TL Salz

4–5 EL Öl

Kartoffeln mit der Küchenreibe fein reiben. Die Masse mit Salz abschmecken. Backofen auf **200 bis 210 °C** Ober- und Unterhitze vorheizen. 3 EL Öl in die gusseiserne Pfanne (Getzenpfanne) gießen, die Kartoffelmasse gleichmäßig verteilen. Auf mittlerer Ebene **25 Minuten** backen, dann den Getzen wenden. Dabei noch 1 bis 2 EL Öl angießen. Noch ca. **20 bis 25 Minuten** backen.

Getzen auf einen Teller legen. Mit etwas Zucker bestreuen und Apfelmus dazu servieren oder auch nur mit Apfelmus reichen. Oder in 2 bzw. 4 Stücke schneiden und als Beilage zu einem Fleischgericht servieren.

Buttermilchgetzen

Für 2–4 Portionen

Für eine Pfanne mit hohem Rand, 28 cm Durchmesser oder Bratrohrpfanne 26 x 24 cm

750 g rohe Kartoffeln, geschält

1 Ei, 1 Zwiebel

400–500 ml Buttermilch

60 g Speck, Salz, Pfeffer, (Kümmel)

Die Kartoffeln fein reiben, die Flüssigkeit abgießen und auffangen. Die Stärke zurückbehalten. Kartoffelmasse mit Ei, gehackter Zwiebel, Kartoffelstärke und Buttermilch vermengen. Es sollte eine weiche Masse entstehen.

Speck fein würfeln. Zwei Drittel der Speckwürfel in der Pfanne auslassen. Die Getzenmasse auf den Speck geben. Restliche Speckwürfel darüber verteilen. Im vorgeheizten Ofen bei **200 °C** Ober- und Unterhitze **40 bis 45 Minuten** backen.

Wickelklöße

1 kg Kartoffeln, mehlig kochend

ca. 250 g Weizenmehl (Type 550)

2 Eier

Salz

Muskat

Mehl für das Backbrett

3 – 4 EL Semmelbrösel

3 – 4 EL Butter

Die am Vortag gekochten Kartoffeln schälen und reiben. Mit Mehl, Eiern, Salz und einer Prise frisch geriebenem Muskat zügig zu einem Teig verarbeiten. Nebenbei die Semmelbrösel in Butter goldgelb anrösten.

Den Teig auf leicht bemehltem Brett etwa 4 mm stark ausrollen und in etwa 8 x 15 cm große Rechtecke zerschneiden. Jedes Stück mit in Butter gebräunten Semmelbröseln bestreichen, dabei Ränder lassen. Von der schmalen Seite her aufrollen und die Schnittkanten andrücken.

In reichlich siedendem Salzwasser ungefähr **20 Minuten** sanft kochen lassen. Gut abgetropft auf einer vorgewärmten Platte anrichten.

Besonders gut schmeckt es, wenn sie noch mit in Butter gerösteten Semmelbröseln bestreut werden.

 **Deftige Variante:** Die Semmelbrösel in Speckfett anrösten und zusammen mit den Speckgrieben auf dem Teig verteilen.

Wickelklöße erfreuen sich im Erzgebirge so großer Beliebtheit, dass schon mehrfach Wettbewerbe stattfanden. In Niederwürschnitz wurde 2009 erstmals ein Wickelkloßkönig gekrönt.

Rauche Maad – Rauchermad – Rauchermod ...

Das Rauche Maad, *das „rauhe oder rauchende Mädchen", wird meist auf der Herdplatte gebacken. Wird es zu lange gebacken und beginnt zu rauchen, dann ist es verbrannt und kein Genuss mehr.*

500 g gekochte Pellkartoffeln

20 g Butterschmalz

Butter

Leinöl

Salz

Pellkartoffeln in gesalzenem Wasser kochen, auskühlen lassen, dann schälen, fein reiben und salzen. Butterschmalz in der Pfanne erhitzen. Die Kartoffelmasse 1,5 bis 2 cm dick darüber verteilen. Etwas andrücken. Bei mittlerer Hitze **5 bis 8 Minuten** backen, bis eine braune Kruste entsteht. Mit der gebackenen Seite nach oben auf den Teller stürzen. Mit Leinöl bestreichen und mit einigen Butterflocken belegen oder nur mit Butter bestreichen. Warm genießen.

 Wer es besonders deftig liebt, lässt im Butterschmalz noch Speckwürfelchen aus.

Ardäpplklitscher

Klitscher, die erzgebirgischen Kartoffelpuffer, werden im Gegensatz zu Getzen in der Pfanne auf dem Herd gebacken.

600 g Kartoffeln, geschält

1 Zwiebel

1 Ei, evtl. 2 – 3 EL Buttermilch

Salz, (Kümmel)

Öl oder Butterschmalz zum Braten

Die Kartoffeln in etwas Wasser reiben. Die Flüssigkeit durch ein Sieb in eine Schüssel abgießen, dabei die Kartoffelmasse etwas andrücken. Nach **5 Minuten**, wenn sich die Stärke abgesetzt hat, die Flüssigkeit abgießen und die Stärke zur Kartoffelmasse geben. 1 Zwiebel fein hacken oder reiben und zusammen mit Ei, Salz, (Kümmel,) Stärke und Buttermilch gut verrühren.

Die Klitscher in der Pfanne in reichlich heißem Öl oder Schmalz knusprig backen. Für jeden Klitscher etwa 2 EL Kartoffelteig in die Pfanne geben.

Die goldbraun gebacken Klitscher schmecken nicht nur naturell, mit Apfelmus oder Heidelbeerkompott, sie passen auch zu Sauerbraten, Gulasch oder Wildgerichten.

Als **Hauptgericht** werden die Klitscher – mit etwas Zucker bestreut – mit Apfelmus oder Blaubeerkompott serviert. Die obige Menge reicht dann je nach Appetit für 2 oder 3 Personen. Für 4 Personen die Zutatenmenge verdoppeln.

Fratzn

Fratzn werden wie Klitscher gebacken. Der Teig wird aber nur aus rohen Kartoffeln und würzenden Zutaten zubereitet.

1 kg Kartoffeln, vorwiegend festkochend oder mehlig kochend
Salz
je nach Geschmack 1–2 Zwiebeln
50 g geräucherter Speck
Kümmel, Knoblauch
Bratöl oder Butterschmalz

Kartoffeln schälen und reiben. Etwas Flüssigkeit abgießen. Sind die Fratzn als Beilage gedacht, nimmt man nur etwa 600 g Kartoffeln.

Kräftig salzen. Es können auch ausgelassene Speckwürfelchen, sehr fein gehackte Zwiebel, Kümmel und Knoblauch unter den Teig gemengt werden.

In der Pfanne in heißem Öl oder Schmalz von beiden Seiten knusprig backen. Dafür je 2 EL Teig als Häufchen in die Pfanne geben und etwas platt drücken.

Lauwarmer Kartoffelsalat mit Speck

750 g Pellkartoffeln vom Vortag
150 g Speck oder durchwachsener Bauchspeck
1 Zwiebel
1 Bund Schnittlauch
200 ml Fleischbrühe
4 EL Weinessig, Salz, Pfeffer

Kartoffeln schälen und in Scheiben schneiden. Speck würfeln, Zwiebel fein hacken, Schnittlauch in Röllchen schneiden. Den Speck in einer Pfanne auslassen, Zwiebel zugeben und etwas andünsten.

Brühe mit Essig, Salz und Pfeffer aufkochen, über die Kartoffeln geben. Heiße Speck-Zwiebel-Mischung und die Hälfte der Schnittlauchröllchen unterheben. Mit den restlichen Schnittlauchröllchen bestreuen. Lauwarm servieren.

Kartoffeln und Quark mit Leinöl und Leberwurst

800 – 1000 g Kartoffeln,
mehlig kochend

1 – 2 Zwiebeln (40 – 50 g)

Salz, Pfeffer, Muskat, evtl.
Kümmel

500 g Quark, Magerstufe

8 – 10 EL Milch, Sahne,
Schmand oder saure Sahne

Schnittlauch oder Zwiebellauch

Leinöl oder Butter

Die gründlich gewaschenen Kartoffeln als Pellkartoffeln in gesalzenem Wasser garen, je nach Sorte **30 bis 45 Minuten**. Kochwasser abgießen. Nochmals kurz auf den Herd stellen, dass sie etwas abdampfen. Sie sollten etwas aufreißen.

Zwischendurch die geschälten Zwiebeln erst in Scheiben und dann in feine Würfelchen schneiden. In eine Schüssel geben, leicht salzen und pfeffern. Mit einem Löffel vermengen. Den Quark und etwas Milch oder Sahne (und in Röllchen geschnittenen Lauch) dazugeben. Verrühren. Mit Salz, Pfeffer, ggf. Kümmel und frisch geriebenem Muskat abrunden.

Kartoffeln in eine Schüssel füllen. Jedem eine Portion Quark als kleinen Hügel auf den Teller geben, den Hügel etwas eindrücken und mit 1 EL Leinöl füllen.

Jeder nimmt sich nun so viele Kartoffeln, wie er möchte, schält sie, taucht die Stücke ins Öl und genießt dazu den Quark.

Der Quark kann auch gleich mit Leinöl angemacht werden. Oder man würzt den Quark mit 2 – 3 EL fein gehackten, frischen saisonalen Kräutern. Anstelle von Leinöl wird auch gern Butter gereicht. Beliebt ist auch die Zugabe von etwas frischer Hausmacher-Leberwurst.

Kartoffelklöße

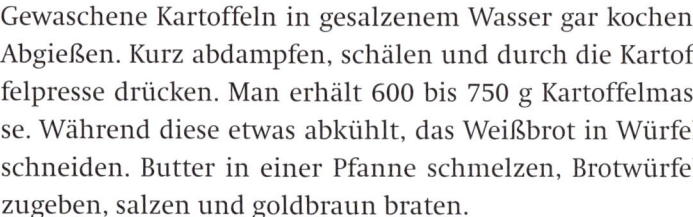

Für 4–6 Personen / 8–12 Klöße

1 kg mehlig kochende Kartoffeln

30–40 g Weißbrot oder Bröt-chen vom Vortag für die Röstel

30 g Butter

Salz, 1 Prise Muskat

1 Ei

120–150 g Mehl

Mehl zum Formen

Gewaschene Kartoffeln in gesalzenem Wasser gar kochen. Abgießen. Kurz abdampfen, schälen und durch die Kartoffelpresse drücken. Man erhält 600 bis 750 g Kartoffelmasse. Während diese etwas abkühlt, das Weißbrot in Würfel schneiden. Butter in einer Pfanne schmelzen, Brotwürfel zugeben, salzen und goldbraun braten.

Ei, Muskat, Salz und nach und nach das Mehl unter die Kartoffelmasse mengen. Alles zu einem homogenen Teig verkneten.

Mit bemehlten Händen 8 bis 12 Klöße formen. Dabei in das Innere je 3 bis 4 Röstel geben. Die Klöße nochmals in etwas Mehl rollen.

Reichlich Salzwasser erhitzen. Die Klöße ins kochende Wasser legen. Wenn sie aufgekocht sind und an der Oberfläche schwimmen, die Temperatur verringern und die Klöße je nach Größe **15 bis 20 Minuten** gar ziehen lassen. Einen Probekloß entnehmen. Ist er gar, die Klöße mit einer Schaumkelle aus dem Topf nehmen.

Tipp: Bleiben Klöße übrig, so werden sie im Erzgebirge am nächsten oder übernächsten Tag als „Eingeschnittene" gegessen: In Scheiben geschnitten, leicht gesalzen und dann gebraten in Öl, Butter- oder Gänseschmalz, dem einige frische Salbeiblättchen (2 bis 3 pro Kloß) zugegeben wurden. Die knusprig gebratenen Kloßstücke können am Ende auch mit etwas edelsüßem Paprikapulver bestäubt werden.

Grüne Klöße

1 kg rohe Kartoffeln

400 – 500 g Pellkartoffeln vom Vortag

Salz

Muskat

1 – 2 Scheiben Weißbrot

Butter

Die rohen Kartoffeln schälen und mit einer Kloßreibe in eine Schüssel mit etwas kaltem Wasser reiben. Die Masse in einem Kloßsack oder einem Tuch gut ausdrücken. Die dabei austretende Flüssigkeit auffangen, Stärke absetzen lassen. Die kalten Pellkartoffeln schälen und fein reiben. Rohe und gekochte Kartoffelmasse mit der Stärke vermengen, mit Salz und Muskat würzen. Mit 50 bis 100 ml kochendem Wasser übergießen und vermengen. Die Masse sollte nicht zu weich, aber auch nicht zu fest und von leicht klebriger Konsistenz sein.

Weißbrot in Würfelchen schneiden und in Butter goldbraun braten, etwas salzen.

Mit nassen Händen Klöße formen, dabei je 3 bis 4 Röstel in die Teigmitte geben. In einem großen Topf in kochendem, gesalzenem Wasser nach dem Aufkochen **12 bis 15 Minuten** sanft kochen. Noch **12 bis 15 Minuten** gar ziehen lassen. Den Topfdeckel nicht vollständig auflegen, damit die Klöße nicht zerkochen.

Als Beilage zu Fleischgerichten werden die Klöße gern mit frisch geriebenem Muskat gewürzt. Reicht man sie mit „Schwammebrieh", gibt man statt Muskat etwas frisch geriebenen Meerrettich zum Kloßteig.

Übrig gebliebene Klöße (sofern es sowas gibt) sofort in Scheiben schneiden und am nächsten Tag in Öl oder Butter in der Pfanne knusprig braten. Mit Salz (und edelsüßem Paprika) würzen.

Erzgebirgischer Kartoffelbrei (*Ardeppelbrei*)

Für 4–6 Portionen

800–900 g Kartoffeln

450–500 ml Vollmilch

40–50 g Speck

2–3 Zwiebeln

1/2 Bund Schnittlauch

3/4 TL Salz

Muskat, Salz, Pfeffer

Muskatnuss

Die geschälten Kartoffeln in Stücke schneiden. Mit so viel leicht gesalzenem Wasser garen, dass die Stücke gerade bedeckt sind. Abgießen. Die Milch erhitzen. In einer Pfanne den gewürfelten Speck auslassen und die in Würfel geschnittenen Zwiebeln darin goldbraun anrösten. Schnittlauch in Röllchen schneiden und unterrühren.

Kartoffeln stampfen. Dabei nach und nach so viel heiße Milch angießen, bis der Brei die gewünschte Konsistenz hat. Die Speck-Zwiebel-Schnittlauch-Mischung unterrühren. Mit Pfeffer, Muskat und Salz abschmecken.

Dazu schmecken Spiegeleier, gebratene Heringe, gebratene Heringslappen, Bratwurst oder gebratene Pilze.

Nicht ganz so deftig schmeckt der Kartoffelbrei, wenn auf Speck, Zwiebel und Schnittlauch verzichtet wird. Dafür 60 bis 80 g geschmolzene Butter unterrühren und mit Majoran würzen.

Böhmisch-erzgebirgische Knödel

12 g Frischhefe

80 ml Wasser, lauwarm

300 g Weizenmehl (Type 550)

1 kleines Ei

Salz

70 ml Mineralwasser

75 g Weißbrot oder Semmel

50 g Butter oder Öl

2 EL Semmelbrösel

Die Böhmischen Knödel eignen sich besonders gut als Beilage für Fleischgerichte mit viel Soße. Bei der Wahl des Topfes daran denken, dass sich die Knödel auf das etwa Anderthalbfache ihrer Länge und Breite vergrößern!

Die Hefe in das lauwarme Wasser einrühren. Mehl, Ei und eine kräftige Prise Salz in eine Teigschüssel geben, Hefe angießen. Unter Zugabe des Mineralwassers zu einem lockeren Teig verkneten. Gründlich durcharbeiten zu einer glatten Teigkugel. Abgedeckt **30 Minuten** ruhen lassen.

Das Weißbrot in kleine Würfel schneiden und in 30 g Butter anrösten.

Nach der Ruhezeit den Teig nochmals durchkneten, dann auf dem Backbrett flach drücken. Die abgekühlten Röstel aufstreuen, längs aufrollen, dabei die Röstel in den Teig drücken. Die Masse halbieren. Noch etwas durcharbeiten und zwei Laibe formen von etwa 15 bis 18 cm Länge. Dabei darauf achten, dass die Oberfläche glatt ist und keine Röstel hervortreten.

In einem großen Topf in Salzwasser **20 Minuten** leicht kochen lassen.

In einem Pfännchen in 20 g Butter die Semmelbrösel goldbraun rösten, dabei etwas salzen.

Vor dem Servieren die Knödel – mit einem Faden oder einem Weichkäsemesser – in Scheiben schneiden und mit den gerösteten Semmelbröseln bestreuen.

Grüne Klöße mit Pilzgulasch (*Griene Kließ un' Schwammebrieh*)

50 – 60 g getrocknete Waldpilze
(Mischpilze)

50 g Speck

1 – 2 Zwiebeln (80 g)

1 EL Butter

1 EL Mehl

Salz, Pfeffer, Majoran,
ggf. Kümmel

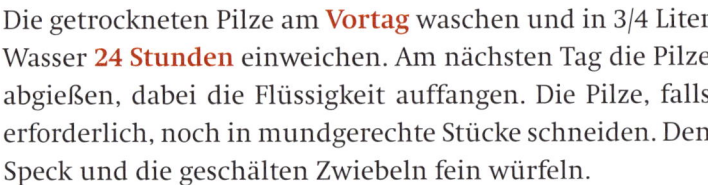

Die getrockneten Pilze am **Vortag** waschen und in 3/4 Liter Wasser **24 Stunden** einweichen. Am nächsten Tag die Pilze abgießen, dabei die Flüssigkeit auffangen. Die Pilze, falls erforderlich, noch in mundgerechte Stücke schneiden. Den Speck und die geschälten Zwiebeln fein würfeln.

In einem Schmortopf die Butter schmelzen, Speck und Zwiebel darin anbraten. Die Pilze unterrühren, **2 bis 3 Minuten** mitbraten, dann mit Mehl bestäuben. Gut verrühren. Nach und nach das Pilzwasser angießen. Mit Salz, Pfeffer, Majoran und, falls man möchte, mit gemahlenem oder ganzem Kümmel würzen. **30 bis 45 Minuten** köcheln lassen. Ggf. nochmals mit Salz, Pfeffer und mit etwas gemahlenem Kümmel würzen.

Zwischenzeitlich die Grünen Klöße zubereiten (siehe Rezept S. 73). Anstelle von Muskat mit 2 EL frisch geriebenem Meerrettich würzen.

Schwammebrieh klingt möglicherweise etwas gewöhnungsbedürftig, schmeckt aber sehr lecker. Passt auch gut zu Kartoffelbrei. Gern wird die *Schwammebrieh* mit etwas Essig, Zucker und Soßenlebkuchen süßsauer abgeschmeckt und gebunden.

Griene Kließ un' Schwammebrieh. Oh Arzgebirg, wie bist Du schieh!
Arthur Schramm (1895–1994)

Der Vogelbeerbaum

Der Vogelbeerbaum – die Eberesche – gilt als eine Art „National-
baum des Erzgebirges". Vogelbeeren gehörten schon vor Jahrhun-
derten im Erzgebirge zu Küche und Apotheke gleichermaßen. Seit
1996 wird in der „Vogelbeerstadt" Lauter-Bernsbach das „Lauterer
Vugelbeerfast" gefeiert. Kein Wunder, dass es jede Menge Vogelbee-
ren-Rezepte gibt. Wenn das für Sie Neuland ist: Nur keine Scheu,
eine Entdeckung lohnt sich!

Die Früchte der Eberesche, die Vogelbeeren, werden wegen ihres hohen Vitamin C-Gehalts „Zitronen des Nordens" genannt. Sie enthal-
ten aber auch Parasorbinsäure, die erst durch Gefrieren und Kochen
zu gut verträglicher Sorbinsäure abgebaut wird. Trotz Einfrieren
und Entbittern sind die kleinen Früchte der **Wilden Eberesche**
für unseren Geschmack gewöhnungsbedürftig.

Wer sich Enttäuschungen ersparen möchte, sollte die Früchte der
Edeleberesche – bekannt auch als Mährische Eberesche – verwenden. Sie sind herb, aber nicht bitter.

Kann schinn'rn Baam gippt's,
wie dann Vuglbärbaam ...
Max Schreyer (1845–1922)

 **Dazu einige
Küchentipps:**

Nur reife, leuchtend rote
Früchte nach dem ersten
Frost ernten. Alternativ die
geernteten reifen Beeren
putzen, waschen und für
mindestens drei Tage in den
Gefrierschrank legen.

Zum Entbittern die Beeren
mit Essigwasser (4 bis 5 EL
Essigessenz auf 1/2 Liter
Wasser) übergießen und
über Nacht stehen lassen.
Allerdings bewirkt diese
Methode keine Wunder.
Daher: Vor der Ernte die
Vogelbeeren vorsichtig
probieren. Trägt ein Baum
extrem bittere Früchte, so
sollte man diese den Vögeln
überlassen.

Nach dem Entbittern die
Beeren zur Weiterverarbei-
tung abgießen und abspülen.

Ebereschenkonfitüre

500 g vorbereitete Vogelbeeren

Zucker oder Gelierzucker 1:1

Gelierprobe: Mit einem Löffel einen Tropfen Konfitüre auf einen kalten Teller fallen lassen. Nun den Teller schräg halten. Bleibt der Tropfen haften, ist die Gelierprobe gut.

Die Beeren zerstampfen und in wenig Wasser weich kochen. Die Masse durch ein Sieb streichen. Das Mark abwiegen. Entweder das Mark mit Zucker bis zur Gelierprobe kochen oder das Mark mit Gelierzucker 1:1 nach Herstellervorschrift verarbeiten. Pro 100 g Vogelbeerenmark gibt man 75 g Zucker dazu. Unter Rühren etwa **8 bis 10 Minuten** kochen. Gelingt die Gelierprobe, kann die Masse in saubere Schraubgläschen gefüllt und verschlossen werden, sonst noch **2 bis 3 Minuten** weiterkochen.

Vogelbeer-Birnen-Konfitüre mit Rotwein

250 g vorbereitete Vogelbeeren

250 g Birnenstücke, geschält

200 ml Rotwein

Gelierzucker 1:1

Vogelbeeren mit Kartoffelstampfer oder Gabel zerdrücken und mit den Birnen unter Zugabe des Rotweins weich kochen. Mit dem Pürierstab fein zerkleinern und die Masse durch ein Sieb streichen. Abwiegen und mit der gleichen Menge Gelierzucker nach Herstellervorschrift (meist **4 Minuten**) kochen.

Tipp: Die Beeren können auch kandiert und getrocknet werden für Früchtebrot oder fürs Müsli.

Süßes
Erzgebirge

Im Erzgebirge, wie in ganz Sachsen, liebt man es süß. Brezeln und Pfannkuchen in der Faschingszeit, saftige Obst- und Quarkkuchen, Torten, Plätzchen, Feingebäck und natürlich Weihnachtsstollen. Erzgebirgische Bäckereien bieten eine große Auswahl, wie sie für Sachsen typisch ist. Ich möchte Ihnen einige erzgebirgische Spezialitäten näherbringen.

Rathaus Schneeberg

Schneeberg: Reiche Silberfunde um 1470/71 führten zur raschen Besiedlung des Gebiets. 1474 waren in 232 Zechen der Stadt etwa 1200 Bergleute tätig. Die reichste Grube war die 1472 fündig gewordene Grube St. Georg. 1477 fuhr der wettinische Herzog Albrecht als Mitbesitzer der Schneeberger Gruben hier ein. An einer großen Stufe gediegenen Silbers tafelte der sächsische Herrscher mit seinen Räten und dem Bergmeister.

Schneeberger Plinsen

*Für 4 große Plinsen (Pfanne
24 cm Durchmesser) oder
8 kleine Plinsen (Pfanne 14 cm)*

10 g Frischhefe

250 ml lauwarme Milch

1/2 TL Zucker

2 Eier, Größe M

150 g Weizenmehl (Type 550)

1 Prise Salz, 50 g Rosinen

Butterschmalz oder Butter für
die Pfanne

Zucker, Zimt

Himbeer- oder Heidelbeerkompott oder -konfitüre

Zerbröckelte Hefe, ca. 5 EL lauwarme Milch und Zucker in einer Schüssel verrühren. Restliche Milch, Eier, Mehl und Salz hinzufügen und alles zu einem glatten Teig verrühren, zuletzt noch die Rosinen unterheben. Die Schüssel abdecken und den Teig bei Zimmertemperatur (ca. **21 °C**) **45 Minuten bis 1 Stunde** gehen lassen.

In einer Pfanne etwas Butter erwärmen, eine Portion Teig angießen. Die Plinsen von beiden Seiten goldbraun backen.

Mit Zimtzucker bestreuen und warm genießen. Man kann noch Kompott und auch Schlagsahne dazu reichen.

Ausgebacken wurden Plinsen immer mit dem Fett, das gerade zur Verfügung stand. Meine Großmutter buk oft mit Schweinefett („Schmerfett"), auch mit Leinöl wurden Plinsen gebacken. Oft wurde die Plinsenpfanne auch nur mit einer Speckschwarte ausgestrichen. Anstelle von Rosinen können getrocknete, klein geschnittene Apfelringe zum Teig gegeben werden. Nicht erzgebirgisch, aber wohlschmeckend: Die Rosinen durch Cranberries ersetzen.

Besonders saftiger Apfelkuchen

Für 1 Backblech 30 x 40 cm

Hefeteig:

400 g Mehl

30 g Hefe

3 EL Zucker (45 – 50 g)

2 Eier

200 ml Milch

50 g Butter

Salz

Abrieb von 1/2 Biozitrone oder 1 Päckchen Vanillezucker

Streusel:

200 g Weizenmehl (Type 550)

100 g Zucker

100 g Butter

1 Eigelb

1 Msp. Zimt

1 Prise Salz

Das Mehl in eine ausreichend große Schüssel sieben. Milch in einem Töpfchen auf etwa Körpertemperatur erwärmen. Die zerbröckelte Hefe zusammen mit einer Prise Zucker und 3 EL Mehl in die lauwarme Milch rühren. Abgedeckt **20 Minuten** gehen lassen.

In das Mehl eine Mulde drücken, den Hefebrei hineinschütten. Zucker, Salz, Butterflöckchen und Gewürze auf dem Rand verteilen. Alles zu einem glatten Teig verarbeiten. Mit einem Tuch abgedeckt **90 bis 120 Minuten** gehen lassen.

Für die **Streusel** die kalte Butter in Stückchen schneiden und mit den übrigen Zutaten verkneten. Die Streusel kalt stellen. Rosinen verlesen und in Wasser oder Rum etwas quellen lassen.

Für den **Belag** zuerst den Pudding kochen: Die Eier trennen. Eigelb mit etwas Milch und dem Puddingpulver gut verrühren. Restliche Milch mit dem Zucker erhitzen. Eiweiß mit einer Prise Salz zu Eischnee aufschlagen. Wenn die Milch kocht, mit dem Schneebesen die Eigelb-Puddingpulver-Mischung unterrühren. Aufkochen lassen. Vom Herd nehmen. Erst die Butter unterrühren, dann den Eischnee unterheben. Abkühlen lassen.

Die Äpfel in Spalten schneiden.

Den Hefeteig nochmals durchkneten. Auf bemehltem Backbrett ausrollen und das gefettete Blech damit belegen. Den Teig mit der lauwarmen Puddingmasse bestreichen.

Belag:

2 Eier, 1/2 l Vollmilch

1 Päckchen Vanille- oder Sahnepuddingpulver

60 g Zucker

1 Prise Salz, 2 EL Butter

1 kg geschälte Äpfel ohne Kernhaus

30–50 g Rosinen oder Korinthen

evtl. 2 EL Rum

Die Äpfel schuppenförmig auflegen. Erst die abgetropften Rosinen, dann die Streusel darüber verteilen. Noch **10 Minuten** gehen lassen.

Im vorgeheizten Herd bei **180 °C** Ober- und Unterhitze auf mittlerer Ebene **40 bis 50 Minuten** backen.

Nackscher Kuchen

Wenn Großmutter mit mir zum Bäcker fuhr, wurde immer auch ein Nackscher Kuchen *mitgebacken. Zuhause wurde er dann in einen Schokoladenkuchen verwandelt.*

Hefeteig wie im Rezept Apfelkuchen zubereiten. Den ausgerollten Teig mit lauwarmer Milch bestreichen und mehrfach einstechen, damit sich keine Blasen bilden.

10 Minuten gehen lassen. Bei **180 °C** Ober- und Unterhitze ca. **25 Minuten** backen.

Den abgekühlten *Nackschen* Kuchen mit **Schokoladenmasse** überziehen. Dafür eine Masse wie für Kalten Hund (Rezept S. 89) zubereiten und auftragen.

Schwarzbeerkuchen (Heidelbeerkuchen)

Backblech mit hohem Rand oder Ofenpfanne

Hefeteig:

400 g Mehl

30 g Hefe

3 EL Zucker (45 – 50 g)

2 Eier, 200 ml Milch

50 g Butter, Salz

Abrieb von 1/2 Biozitrone oder 1 Päckchen Vanillezucker

Mehl für das Backbrett

Belag:

1500 g Heidelbeeren

60 g geriebener Zwieback

6 EL Zucker

50 g Butter

Das Mehl in eine ausreichend große Schüssel sieben. Milch in einem Töpfchen auf etwa Körpertemperatur erwärmen. Die zerbröckelte Hefe zusammen mit einer Prise Zucker und 3 EL Mehl in die lauwarme Milch rühren. Abgedeckt **20 Minuten** gehen lassen.

In das Mehl eine Mulde drücken, den Hefebrei hineinschütten. Zucker, Salz, Butterflöckchen und Gewürze auf dem Rand verteilen. Alles zu einem glatten Teig verarbeiten. Mit einem Tuch abgedeckt **90 bis 120 Minuten** gehen lassen.

Die Heidelbeeren waschen und trockentupfen. Herd auf **180 °C** Ober- und Unterhitze vorheizen.

Den Hefeteig nochmals durchkneten. Auf bemehltem Backbrett ausrollen und das gefettete Blech damit belegen. Dabei einen kleinen Rand hochziehen. Gleichmäßig mit geriebenem Zwieback bestreuen. Heidelbeeren darüber verteilen, mit Zucker bestreuen und die Butter in Flöckchen darüber geben. **10 Minuten** gehen lassen. Im vorgeheizten Herd auf der unteren Ebene ca. **30 bis 40 Minuten** backen.

Saftiger Pflaumenkuchen

Backblech mit hohem Rand oder Ofenpfanne

Hefeteig wie für Schwarzbeerkuchen

1,5 – 1,75 kg Hauspflaumen (ca. 70 Stück)

Mehl für das Backbrett

60 g geriebener Zwieback

4 EL Zucker

1 TL gemahlener Zimt

50 g Butter

Streusel:

200 g Weizenmehl (Type 550)

100 g Zucker, 100 g Butter

1 Eigelb

1 Msp. Zimt, 1 Pr. Salz

Die Pflaumen waschen, abtropfen lassen, halbieren und entsteinen. Den vorbereiteten Hefeteig nochmals durchkneten und auf dem bemehlten Backbrett in Blechgröße ausrollen. Auf das gefettete Blech legen, dabei einen kleinen Rand hochziehen. Mit dem geriebenen Zwieback bestreuen

Den Backofen auf **180 °C** Ober- und Unterhitze vorheizen. Die Pflaumen dachziegelartig auf den Teig legen. Zucker und Zimt mischen und darüberstreuen. Butterflöckchen auf dem Kuchen verteilen.

Den Kuchen noch **10 Minuten** gehen lassen. Dann auf der unteren Ebene ca. **30 bis 40 Minuten** backen.

Pflaumenkuchen wird gern zusätzlich mit **Streuseln** belegt. Dafür Mehl, Zucker, Butter, Eigelb, Zimt und Salz verkneten. Die Streusel können schon am Vortag zubereitet und im Kühlschrank gelagert werden. Sie werden dann schön knusprig. Pflaumenkuchen mit Streuseln auf der mittleren Ebene des Herdes bei **180 °C** Ober- und Unterhitze etwa **40 bis 50 Minuten** backen.

Wer keine so großen Kuchen benötigt, kann die Zutatenmenge auch halbieren und die Kuchen dann in einer runden Springform (26 oder 28 cm Durchmesser) oder in einer quadratischen Springform (24 x 24 cm) backen

Kartoffelkuchen (*Aardeppelkugn – Aardäppelkuchen*): ein Hutzen-Kuchen

Für 1 Kuchenblech

350 g Weizenmehl (Type 550)

1 Würfel Frischhefe

160 – 180 g Zucker

50 ml Milch, lauwarm

600 g Pellkartoffeln vom Vortag

180 g Butter

3 Eier, Abrieb von 1 Bio-Zitrone

Salz, 1 TL Zimt

Der Kuchen ist ziemlich kräftig und schmeckt warm am besten. Er passt auch gut zu Bier oder Wein. Dem Teig können zusätzlich Zitronat und Rosinen zugegeben werden.

Das Mehl in eine Schüssel sieben. In die Mitte eine Mulde drücken. Die zerkrümelte Hefe mit einer Prise Zucker in die lauwarme Milch einrühren. Die Hefemilch in die Mulde geben und mit etwas Mehl abdecken. **20 Minuten** bei Zimmertemperatur gehen lassen.

Die Kartoffeln schälen und fein reiben. 90 g weiche Butter, 90 g Zucker, die Eier, Zitronenabrieb und eine Prise Salz auf dem Mehlrand verteilen. Mit der Küchenmaschine mit Knethaken etwas einarbeiten. Die Kartoffelmasse dazugeben und alles gründlich verkneten.

Abgedeckt **30 Minuten** gehen lassen. Nochmals durchkneten. 60 g Butter in einer Pfanne schmelzen. 70 bis 90 g Zucker mit dem Zimt vermengen.

Den relativ weichen Teig gut bemehlen, ausrollen oder auf dem gefetteten Backblech mit bemehlten Händen breit drücken. Mit einer Gabel mehrmals einstechen. Mit der lauwarmen geschmolzenen Butter beträufeln und mit Zimtzucker bestreuen. Noch ein paar Butterflocken aufsetzen.

Etwa **30 Minuten** bei **190 °C** Ober- und Unterhitze auf mittlerer Ebene backen.

Zu Hutzen gieh

Rocken-, Spinn- oder Hutzenstuben erfreuten sich schon im 16. Jahrhundert guten Zuspruchs. Von Anfang November bis kurz vor Ostern trafen sich regelmäßig Frauen und junge Mädchen, um gemeinsam Flachs oder Schafwolle zu Garn zu verspinnen. Seit der zweiten Hälfte des 16. Jahrhunderts auch mit dem Klöppelsack. Dabei wurde immer gesungen, musiziert und erzählt. Lustige und schaurige Geschichten, besinnliche und derberotische Lieder wechselten einander ab. Hatten die Mädchen und Frauen eine Weile fleißig gearbeitet, erschienen die von ihnen meist schon sehnsüchtig erwarteten Burschen und Männer.

Um 1815 schrieb Christian Gottlob Wild das Lied vom „lustigen Klöppelmädchen". In der fünften und siebenten Strophe heißt es:

Un wenn ich su zu Hutzen gieh,
wos gibbt's do net zu lachen!
Do tu mer über dan un die
uns aah racht lustig machen
Refrain: un trinken Kaffee,
assen Kließ
derzu – dos fraht enn aah
gewieß. [...]
Aah habn sich of dr Ufenbank
de Bossen higeflaamelt,
(die Burschen behaglich hingestreckt)
do lacht mer sich ball
orndtlich krank,
wos do werd haargeschwaamelt.
(hergeschwafelt)
Refrain: Oft broten mer,
zer Lust aah när,
Aardäppelklitscher in dr Rähr.

Waren es früher Malzkaffee und einfacher Kuchen (Hefekloß), so gibt es heute Bohnenkaffee und Stollen-, Zucker- oder Kartoffelkuchen oder Glühwein. Vor allem wenn es draußen stürmt und schneit, sollte man lieber in der warmen Stube bleiben und es sich gemeinsam gut gehen lassen: *Schenkt när noch ne Halbe, ne Halbe schenkt ei, heit sei mer noch e wing lustig, war waß, wu mer morgn sei ... I nusse ja, i nusse ja, i nusse bleibn mer noch e wing do ...,* heißt es im *Hutzenlied* von Anton Günther (1876–1937).

Röhrenkuchen (*Rährnkuchn*)

Rährnkuchen (Röhrenkuchen) wurden früher auf der Herdplatte der Koch- und Bratröhre der großen Bauernöfen als schnelles Gebäck zum Malzkaffee zubereitet. Man kann sie aber auch in einer Eisenpfanne backen. Besonders lecker werden sie auf einem Backstein.

Für 2 – 4 Portionen

600 g gekochte Pellkartoffeln vom Vortag oder 500 g ausgekühlte Salzkartoffeln

80 – 100 g Mehl

Salz

Mehl zum Ausrollen

Butter

Zucker, Zimt (oder Zuckerrübensirup)

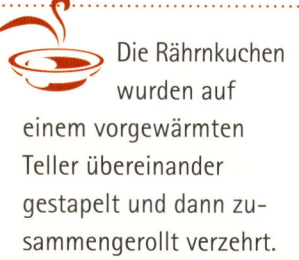

Die Rährnkuchen wurden auf einem vorgewärmten Teller übereinander gestapelt und dann zusammengerollt verzehrt.

Backstein auf das Gitterrost des Herdes legen und den Herd auf **230 °C** aufheizen. Pellkartoffeln schälen. Kartoffeln fein reiben, salzen und mit Mehl zu einem glatten Teig verkneten. Den Teig in 3 Portionen aufteilen und auf bemehltem Brett 2 bis 3 mm dick ausrollen. In je 4 Stücke schneiden. Diese ca. **6 bis 8 Minuten** backen.

Anders als auf der Herdplatte muss der Teig auf dem Stein nicht gewendet werden.

Die fertig gebackenen Rährnkuchn buttern, mit Zucker oder Zimtzucker bestreuen und sofort genießen.

Traditionell wurden sie auch nur mit Zuckerrübensirup verzehrt.

Werden die Rährnkuchn auf dem Herd in einer Eisenpfanne zubereitet, dann Butterschmalz in die Pfanne geben, die Teigstücke von beiden Seiten goldbraun backen. Nur mit Zucker oder Zimtzucker bestreuen.

Kalter Hund (*Hunt*)

Kastenform 12 x 20–24 cm

250 g Kokosfett

150 g Puderzucker

50 g Kakaopulver

2 Eier, Größe M

20 ml Zwickauer Koks
(oder Rum)

200–250 g Butterkekse

Das kalorienreiche Dessert aus den 1950er Jahren erfreute und erfreut sich im Erzgebirge großer Beliebtheit. Hier wird der Name „Kalter Hund" hergeleitet aus seiner Form, die an die Kastenform der „Grubenhunte" – der Förderwagen – im Bergbau erinnert, während „Kalter" sich natürlich auf das Abkühlen der Süßspeise im Keller oder Kühlschrank bezieht.

Das Kokosfett bei nicht zu hoher Hitze in einer Kasserolle schmelzen. Gesiebten Puderzucker und Kakao vermengen. Eier, Likör bzw. Rum zugeben und alles gut verrühren. Das abgekühlte, geschmolzene Kokosfett nach und nach – erst wenig, dann mehr – unter die Schokoladenmasse rühren. Eine Kastenform großzügig mit Frischhaltefolie oder Backpapier auslegen. Schichtweise die Schokomasse und Kekse einfüllen. Begonnen wird immer mit einer dünnen Schicht Schokomasse, auf die die Kekse gelegt werden. Abschließen kann man sowohl mit einer Schicht Kekse als auch mit Schokolade.

Mindestens 4 Stunden kalt stellen, besser noch über Nacht.
Vor dem Servieren den Kekskuchen aus der Form nehmen und in etwa 1 cm dicke Scheiben schneiden.

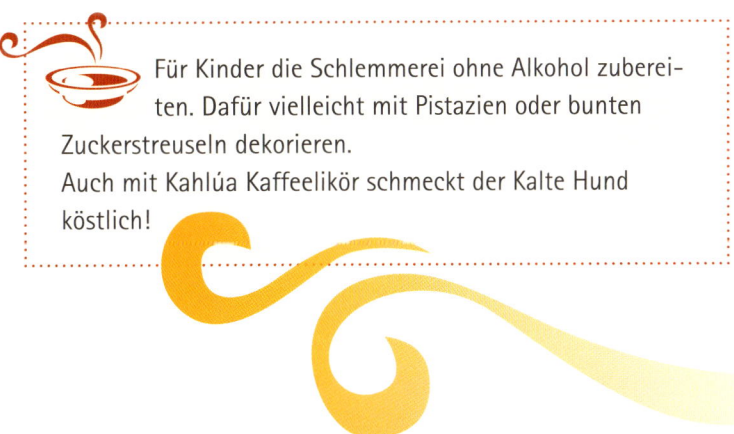

Für Kinder die Schlemmerei ohne Alkohol zubereiten. Dafür vielleicht mit Pistazien oder bunten Zuckerstreuseln dekorieren.
Auch mit Kahlúa Kaffeelikör schmeckt der Kalte Hund köstlich!

Gefüllter Aschkuchen

Große Napfkuchenform

Hefeteig:

100 ml Milch

30 g Frischhefe

400 g Mehl

50 g Zucker

3 Eigelb

200 g Butter

Abrieb von 1 Zitrone

Füllung:

80 g Rosinen

40 g Zitronat

40 g Orangeat

1 – 2 EL Rum

Aus den angegebenen Zutaten einen Hefeteig zubereiten. **60 bis 80 Minuten** gehen lassen.

Die verlesenen Rosinen mit dem Rum beträufeln, abgedeckt **1 Stunde** durchziehen lassen, mit Orangeat und Zitronat vermischen. Den Hefeteig nochmals durchkneten und auf dem bemehlten Backbrett zu einer 30 x 40 cm großen Platte ausrollen. Die Trockenfrüchtemischung auf der Teigplatte verteilen. Einrollen und in die gefettete Napfkuchenform legen. In der Form abgedeckt noch **45 Minuten** gehen lassen.

Bei **180 °C** Ober- und Unterhitze ca. **1 Stunde** auf der unteren Ebene backen.

Noch warm mit Puderzucker besieben.

Erzgebirgischer Hefezopf für Ostern und das Sonntagsfrühstück

125 ml lauwarme Milch

1 Würfel Frischhefe

500 g Weizenmehl (Type 550)

125 g Butter

40 g Zuckerrübensirup oder Honig

40 g Zucker

1 Msp. gemahlene Nelken oder 1 Msp. Anis und Fenchel

1 Prise Salz

Zum Bestreichen:

1 Eigelb, 2 EL Milch

Wie für jeden Hefeteig sollten alle Zutaten Zimmertemperatur haben.

In einem Topf die Milch erwärmen. Die Hefe zerbröckeln und mit der lauwarmen Milch verrühren. Das Mehl in eine Schüssel geben. In die Mitte eine Vertiefung drücken, die Hefemilch hineingießen. Die klein geschnittene Butter und alle anderen Zutaten auf dem Rand verteilen. Mit der Küchenmaschine mit Knethaken zu einem geschmeidigen Teig verarbeiten. Abgedeckt **45 Minuten** gehen lassen.

Nochmals gut durchkneten. Auf dem leicht bemehlten Backbrett den Teig in drei Stücke teilen. Jedes Stück zu einer Rolle formen und diesen zu einem Zopf flechten. Die Enden gut andrücken. Den Zopf auf das gefettete und mit etwas Mehl bestreute oder mit Backpapier belegte Blech heben. Weitere **20 Minuten** gehen lassen.

Im vorgeheizten Herd auf mittlerer Ebene bei **180 °C** Ober- und Unterhitze **30 bis 35 Minuten** backen. In einer Tasse das Eigelb mit der Milch verrühren. Nach **20 Minuten** Backzeit den Zopf mit der Eiermilch bestreichen.

 Der Hefezopf ist besonders beliebt als Ostergebäck. Er wird gern am Ostermorgen mit Butter und Honig oder Konfitüre genossen.

Eierschecke nach Freiberger Art

Freiberger Eierschecke wird ohne Quark hergestellt und besteht nur aus einer dünnen Eiercreme auf einem dünnen Hefeteigboden.

Für eine runde Backform (28 cm Durchmesser)

Hefeteig:

160 g Mehl

30 ml lauwarme Milch

25 g Zucker, 25 g Butter

1 Ei (Größe S)

8 g Frischhefe

etwas Zitronenabrieb

Belag:

8 Eigelb (Größe M)

80 g Zucker

2 Päckchen Vanillezucker

125 g Butter

30 ml Schlagsahne

1−2 EL Rosinen, 1 EL Rum

1−2 EL Mandelsplitter

Einen **Hefeteig** zubereiten und ca. **60 Minuten** gehen lassen. Die Rosinen für den Belag mit dem Rum beträufeln.

Den fertigen Teig dünn ausrollen und damit die gefettete Backform auslegen. Einen kleinen Rand andrücken. Den Teig mit einer Gabel mehrfach einstechen, damit der Boden sich nicht wölbt. **10 Minuten** gehen lassen. Dann im vorgeheizten Herd auf mittlerer Schiene bei **180 °C** Ober- und Unterhitze **10 Minuten** vorbacken.

Zwischenzeitlich die **Schecke** zubereiten. Mit einer leistungsfähigen Küchenmaschine muss man dafür **10 bis 12 Minuten** einplanen. Sie sollte 1 oder 2 Minuten vor Ende der Vorbackzeit fertig sein.

Das Eigelb mit Zucker und Vanillezucker etwa **5 Minuten** in der Küchenmaschine aufschlagen. Die Butter schmelzen. Die heiße Butter nach und nach unter die Masse schlagen. Weitere **5 Minuten** aufschlagen, die Sahne angießen und unterschlagen. Die Rosinen trockentupfen.

Die Backform aus dem Herd nehmen. Die Scheckemasse auf dem Teigboden glatt verteilen. Mit den Rosinen und Mandelsplittern bestreuen. Im vorgeheizten Backofen auf der mittleren Ebene noch **10 bis 12 Minuten** backen. Die Schecke sollte gleichmäßig gebräunt sein.

Ein Lob der Findigkeit

Freiberg

Nach der Legende entwickelten Freiberger Bäcker diesen Kuchen, als in Kriegszeiten sämtlicher Quark für die Zubereitung von Mörtel zum Ausbessern der Stadtmauer benötigt wurde.

Aber die Freiberger waren auch sonst recht erfindungsreich: Eine weitere Spezialität der Stadt ist der **Freiberger Bauerhase**, ein mit Mandeln gespicktes Hefegebäck. Nach der Legende verdankt er seine Entstehung dem Fastengebot der Osterzeit. Er soll zur Regierungszeit des Markgrafen Friedrich mit der gebissenen Wange (1257–1324) von dessen Koch namens Bauer gebacken worden sein.

Der Markgraf hielt gern Hof in seiner Bergstadt Freiberg und schätzte die Tafelfreuden in angenehmer Runde. An einem Fastnachtsdienstag soll er kurz vor Mitternacht seinem Koch befohlen haben, als nächsten Gang einen Hasenbraten zu reichen. Zur Tischgesellschaft gehörte auch ein Kaplan, der gute Küche gleichfalls schätzte. Doch jetzt erhob er Einspruch. Mitternacht beginne die vorösterliche Fastenzeit. Jede Fleischspeise sei nun eine Sünde. Der Markgraf aber beharrte auf seinem Befehl.

Während die Herren noch diskutierten, ging der Koch, der ein Schelm war, in die Küche und formte aus Teig einen Hasenbraten. Statt mit Speck spickte er seinen „Braten" mit Mandeln.

Das goldbraune Gebäck mundete den Herren vortrefflich. Eine löbliche Fastenspeise, musste der Kaplan bekennen. Markgraf Friedrich aber befahl, dass dieses Gebäck zu Ehren seines Erfinders „Bauerhase" heißen und fortan in der Fastenzeit immer auf seine Tafel kommen solle.

In Freiberg wirbt heute die Konditorei Hartmann (Foto, S. 80) mit dem Slogan „einziger, ältester Bauerhasen-Herstellbetrieb am Platze".

Vielleicht war dieses Gebäck, das einen Hasenbraten imitiert, aber auch eine Erfindung der Bauernküche, wie der Falsche Hos, ein Hackbraten (siehe S. 45).

Feiner Heidelbeergetzen (Schwarzbeergetzen)

Für eine Auflaufform
20 x 30 cm

3 Eier

1 Päckchen Vanillezucker

1 Prise Salz

120 g Zucker

1/4 l Milch

150 g Weizenmehl (Type 550)

300 g Heidelbeeren

20 g Butter für die Form

1 EL Puderzucker

Die Eier trennen. Das Eiweiß mit dem Vanillezucker und einer Prise Salz steif aufschlagen.

Eigelb, Zucker, Milch und Mehl gründlich zu einem Teig verrühren. Drei Viertel der Eischneemasse unter den Teig heben. Drei Viertel der Teigmasse wiederum in die gebutterte Auflaufform geben.

Im vorgeheizten Herd bei **190 °C** Ober- und Unterhitze auf mittlerer Ebene **5 bis 6 Minuten** backen, bis sich die Oberfläche etwas verfestigt hat.

Zwischenzeitlich den Restteig mit dem verbliebenen Eischnee anreichern.

Die Form kurz aus dem Herd nehmen. Die gewaschenen, trockenen Heidelbeeren auf den Teig geben und den restlichen Teig mit einem Löffel darüber verteilen.

Jetzt noch ca. **20 Minuten** backen. Mit einem Holzstäbchen die Gare prüfen.

Mit 1 EL Puderzucker besieben.

Der Getzen reicht zum Kaffee für 4 Personen, als Nachspeise für 6 bis 8 Portionen. Es können auch Feinfrost-Heidelbeeren verwendet werden. Die Früchte langsam im Kühlschrank auftauen.

Meine Großmutter bereitete **Schwarzbeergetzen („Beergetzen")** in einer großen Eisenpfanne zu.

Aus 500 g Mehl, 3 bis 5 Eiern, 1 bis 2 EL Zucker, etwas Salz und Milch rührte sie einen Mehlgetzenteig (dicken Eierkuchenteig) an. Gebacken wurde mit reichlich Schweineschmer.

War das Fett in der Pfanne geschmolzen, kam der Teig hinein. Er wurde dick belegt mit den Heidelbeeren eines 1-Liter-Krügleins. Nach dem Backen wurde der Getzen noch mit Zucker bestreut. Alternativ wurden Beergetzen auch mit Stachelbeeren gebacken.

Arme Ritter

100 ml Sahne

100 ml Milch

2 Eier

4 Scheiben Weißbrot (ca. 150 g)

40 – 50 g Butter oder
Butterschmalz

Sahne, Milch und Eier verrühren. Die Weißbrotscheiben (ca. 1,5 cm dick) mit der Eier-Sahne-Mischung begießen. Einweichen, aber nicht durchweichen lassen.

In der Pfanne in heißer Butter oder Butterschmalz von beiden Seiten goldbraun backen.

Mit Zucker und Zimt bestreuen oder mit etwas Waldhonig oder Konfitüre genießen.

 Als „Goldene Schnitten" waren sie im 15. /16. Jahrhundert eine Speise für den Adel und vermögende Bürger.

Rezeptverzeichnis